그림으로 쉽게 배우는
초등 필수 영단어 따라쓰기

그림으로 쉽게 배우는

초등필수

영단어
따라쓰기

초판 1쇄 발행 | 2023년 7월 25일
초판 3쇄 발행 | 2024년 5월 30일
지은이 | 이규승. 이승원
디자인 | 윤영화
펴낸곳 | 도서출판 창
펴낸이 | 이규인
등록번호 | 제15-454호
등록일자 | 2004년 3월 25일
주소 | 서울특별시 마포구 대흥로4길 49, 1층(용강동 월명빌딩)
전화 | (02) 322-2686, 2687
팩스 | (02) 326-3218
홈페이지 | http://www.changbook.co.kr
e-mail | changbook1@hanmail.net
ISBN 978-89-7453-490-5   63740
정가 | 15,000원

그림으로 쉽게 배우는

초등필수

영단어
따라쓰기

이규승·이승원 지음

창
Chang
Books

머리말

　여러분은 지금 국제화 시대에 살고 있습니다. 그중에서도 특히 영어교육의 비중은 매우 크다고 할 수 있습니다. 그러므로 제한된 시간을 활용하여 영어실력을 향상시키는 방법이 무엇보다 중요합니다. 영어 학습에도 첫걸음을 잘 내디뎌야 합니다. 이 책은 이 점을 중시하여 초등 영어학습의 어린이들에게 필수 요소인 알파벳쓰기, 발음 익히기와 단어의 뜻 등, 영어의 기초를 튼튼하게 하고 실제생활에서 영어를 활용할 수 있도록 구성하였습니다.

　이러한 시대 상황을 고려하여 편집·제작된 '그림으로 쉽게 배우는 초등필수 영단어 따라쓰기'는 그림과 함께 실어 누구나 부담없이 기초부터 공부할 수 있도록 하였으며, 영어 공부에서 가장 걸림돌이 되는 쓰기와 읽기를 마스터할 수 있도록 구성하였습니다.

　이 책의 특징을 살펴보면,

① 제1장 : 알파벳 발음과 쓰기

② 제2장

　　Part I : 1~2학년 단어쓰기

　　Part II : 3~4학년 단어쓰기

　　Part III : 5~6학년 단어쓰기

③ 부록 : 한글영어 발음표

　　찾아보기

이와 같이 초등필수영단어를 학년별로 분류한 후, 중요도에 따라 알기 쉽게 그림과 함께 주제별로 배열·수록하였습니다. 게다가 단어를 쉽게 외울 수 있도록 생생하고 유익한 단어만을 엄선해, 최신의 주요 영어사전과 인터넷의 자료를 참조하였으며, 각 단어마다 친근함을 주기 위해 생생한 그림으로 표현하여 초보자도 쉽게 따라 할 수 있도록 로마자와 우리 말로 발음하였습니다. 그러나 한글 발음 표기는 영어학습을 위한 것에 지나지 않으므로 정확한 발음은 홈페이지의 MP3파일을 이용하여 참고하시기 바랍니다.

이 책은 특히 발음편을 보강하여 더욱 정확한 영어 문자의 발음을 익힐 수 있도록 하였으니 발음편을 적극 활용하고, 반복해서 학습함으로써 영어와 친숙해지는 계기가 되었으면 합니다. 그리고 원어민 발음의 MP3를 활용하여 영어와 친숙해지고 높은 수준의 영어 학습도 가능합니다.

끝으로 영어단어 쓰기공부는 한꺼번에 많이 쓰는 것보다 매일 꾸준히 쓰는 게 단어를 익히는 데 더욱 효과적입니다. 이 책의 교육부 지정 필수초등영단어는 교과서 내용 외의 수준 높은 단어도 들어 있어 중학생이 되기 위한 준비 학습에 많은 도움이 될 것입니다.

참고로 발음은 약간씩 차이가 있을 수 있으니 이 책을 학습하는 데 필요한 발음기호를 살펴보면 이해하기 쉽습니다.

필순 → Ａ ①② ③→
발음 → 에이 [ei]

Apple [æpl]
애플
사과 ← 관련 단어

A A A A A → 대문자 쓰기연습

a a a a a → 소문자 쓰기연습

※「에」를 짧고 강하게, 바로 이어서「이」를 살짝 붙여「에이」하고 발음하면 된다.◀— 발음 설명

5

차례

Part 01 ★ 1-2 학년 day

A a
에이 [èi]

B b
비– [bi:]

C c
씨– [si:]

D d
디– [di:]

E e
이– [i:]

F f
에프 [ef]

G g
쥐– [dʒi:]

H h
에이치 [eitʃ]

I i
아이 [ai]

J j
제이 [dʒei]

K k
케이 [kei]

L l
엘 [el]

M m
엠 [em]

N n
엔 [en]

O o
오우 [ou]

P p 피- [pi:]	**Q q** 큐- [kju:]	**R r** 아알 [a:(r)]
S s 에스 [es]	**T t** 티- [ti:]	**U u** 유- [ju:]
V v 뷔- [vi:]	**W w** 더블유- [dʌbljù:]	**X x** 엑스 [eks]
Y y 와이 [wai]	**Z z** 지- [zi:]	

제1장 ────

1. 발음기호란 무엇인가?

영어발음은 우리말 발음과는 많이 다르다는 점을 알아야 한다.

이를테면, 「a」를 알파벳 식으로 발음하면 「에이」이지만, 하나의 구성된 단어 속에서는 그 발음이 「애」, 「어」, 「아」 등 여러소리로 변한다.

그 예로 father「파아더~」(아버지)의 「a」만 보아도 그 발음이 「에이」가 아니고 「아」로 발음된다.

이렇듯 영어의 발음은 우리말과는 많이 다르기 때문에 그걸 일정하게 우리의 글로 표기하기란 여간 어렵지 않다.

아무튼 영어란 우리글과는 달리 한글로 표시 못하는 발음이 있는가 하면, 또 영·미인들이 우리 나라 말을 배울 때에 역시 자기들 영어에는 없는 발음이 있기 때문에, 그래서 국제적으로 통용되는 '발음기호'란 것이 생겨났다.

어쨌든 '발음기호'를 정확히 익히고 활용하는 것만이 영어를 잘 할수 있는 길이니 열심히 공부하길 바란다.

2. 모음이란 무엇인가?

'모음'이란 한 마디로 말해서, 발음할 때 '입술, 코, 목구멍' 등의 장애를 받지 않고 자연스럽게 나오는 「유성음」을 말한다.

즉, 다시 말하면 「a : 아」, 「e : 에」, 「i : 이」, 「o : 오」, 「u : 우」 등과 같이 자연스럽게 나오는 소리를 '모음'이라 한다.

모음은 발음기호의 음(音)을 기준으로 하여 다음과 같이, '단모음'과 '이중모음'으로 나누어진다.

• 단모음

[a] 「아」

우리말의 「아」와 같은 소리로, 입을 크게 벌리고 길게 「아」하면 된다.

🔍 보기
- box [baks] 「박스」 : 상자
- not [nat] 「낫(낱)」 : 아니다, 않다

[a:] 「아―」

입을 크게 벌리고 「아」를 「아―」하고 발음하면 된다.

🔍 보기
- farm [fa:m] 「팜―」 : 농장
- father [fáðər] 「파더」 : 아버지

참고사항

* **악센트(accent)** : 영어를 발음할 때 특히 그 철자 중에서 더 강하게 발음하라는 부분이 있다. 이것을 '악센트' 즉, 「강세」라고 말하며, 그걸 부호는 〈´〉로 표시한다.
* [:] : 이 표는 길게 발음하라는 표시. 우리말 표기는 〈―〉.
  발음기호에서 비슷한 모양의 [r] [r]음과는 발음이 다르니 유의하기 바란다. 즉 [r]음은 혀 끝을 구부리면서 약간 들릴락말락하게 내는 우리말의 「ㄹ」(~)음에 가까운 음이다.

[a:r] 「아:(ㄹ)」

입을 크게 벌리고 혀 끝을 약간 구부려 윗니 부리에 달락말락하게 하면서, 「아:~」하고 발음하면 된다.

🔍 보기
- park [pa:rk] 「파―크」 : 공원
- card [ka:rd] 「카―드」 : 카드

참고사항

* [r] 발음 즉, 우리말 「ㄹ」음은 「~」로 표기하니 유의하기 바란다.
* 위의 '보기'에서와 같이 단어 속에 [r]이 들어 있으면, 미국에서는 「아:~」, 영국에서는 그냥 「아―」로 발음한다.

[e] 「에」

우리말의 「에」와 거의 같은 소리다. 우리말의 「에」보다 좀더 입을 벌리고 「에」하면 된다.

🔍보기 • ten [ten] 「텐」 : 십(10)
　　　 • egg [eg] 「에그」 : 달걀

[ɛ] 「에(애)」

[e]와 [æ]의 중간소리 [e] 보다 입을 좀더 크게 옆으로 벌리는 기분으로 [ɛ]하면 된다.

🔍보기 • Mary [mɛ́əri] 「메리」 : 메리(여자이름)
　　　 *미국발음. 영국인은 「메어리」라고 발음한다.

[æ] 「애」

우리말의 「애」에 가까운 소리. [ɛ]를 발음할 때보다 좌우로만 입을 힘차게 벌리고 「애」하면 된다.

🔍보기 • fan [fan] 「팬」 : 선풍기, 팬(운동에 있어 지지자나 애호가)
　　　 • narrow [nǽrou] 「내로우」 : (폭이)좁은

[i] 「이」

우리말의 「이」와 거의 같은 소리로 혀에 힘을 주지않고 입을 자연스럽게 약간 벌리면서 「이」하면 된다.

🔍보기 • ink [íŋk] 「잉크」 : 잉크
　　　 • hit [hit] 「힛(히트)」 : 맞히다, 때리다.

[iː] 「이ー」

앞의 [i] 보다 길게 발음한다. 다만 입을 약간 좌우로 벌리고 혀를 올리면서 「이ー」 하면 된다.

🔍보기 • bee [biː] 「비ー」 : 꿀벌
　　　 • eat [iːt] 「이ー트」 : 먹다

[ɔ] 「오」

우리말의 「오」보다 입을 더 크고 둥글게 벌리고 입을 앞으로 내밀면서 목 안으로부터 강하고 짧게 「오」 하면 된다.
*미국인은 [ɔ]를 [a]로 보통 발음한다.

보기
- hot [hat] 「핫」 : 뜨거운(미국인) *영국인은 [홋]으로 발음한다.
- doll [dal] 「달」 : 인형(미국인) *영국인은 [돌]로 발음한다.

[ɔ:] 「오—」

[ɔ]를 길게 [ɔ]때보다 입술을 더 둥글게 앞으로 내밀고 혀 뒤를 더 올리면서 목 안으로부터 「아」 소리에 가깝게 「오—」 하고 길게 발음하면 된다.

보기
- ball [bɔ́:l] 「볼—」 : 공
- wall [wɔ́:l] 「월—」 : 벽

---

[o] 「오우」

입술을 둥글게 하여 「오」하다가 약간 입술을 앞으로 내밀면서 동시에 「우」 하면 된다. 보통 '이중모음'에서 볼 수 있다.

보기
- no [nou] 「노우」 : 아니오(아니다)
- go [gou] 「고우」 : 가다(간다)

[o:] 「오—」

우리말의 「오」와 같다. 따라서 [ɔ]나 [ɔ:]보다 입을 작게 둥글게 벌리면서 자연스럽게 「오—」하고 발음하면 된다.
한마디로 [o:]는 미국식 발음이고, 영국에서는 [o:]를 「오우」로 발음한다는 것을 유의하기 바란다.

보기
- home [ho:m] 「홈—」 : 가정 〈미국〉 *영국에서는 [houm] 「호움」
- coat 「코트」 : 웃옷 〈미국〉 *영국에서는 [kout] 「코우트」

---

[u] 「우」

우리말의 「우」와 거의 같은 소리다. 하지만 우리말의 「우」보다 입술을 더 둥글게 오므리고 내밀면서 휘파람을 불듯이 「우」하면 된다.

보기
- book [buk] 「북」 : 책
- foot [fut] 「풋(풑)」 : 발

[uː] 「우ー」

앞의 「우」보다 더 둥글게 오므리고 혀의 뒤를 더 올리면서 「우ー」 하고 길게 발음하면 된다.

🔍 보기
- spoon [spuːn] 「스(쓰)푼ー」 : 숟가락
- moon [muːn] 「문ー」 : 달

[ʌ] 「어」

우리말의 「아」 할 때보다 입을 작게 벌리고 「어」에 가까운 「아」 소리를 내면 된다.

🔍 보기
- sun [sʌn] 「썬」 : 태양
- cut [kʌt] 「컷(캇)」 : 썰다, 베다

참고사항

* [ʌ]는 영국식 발음기호이며, 미국에서는 [ʌ]대신 [ə]를 쓴다.

[ə] 「어」

입술이나 혀에 힘을 주지 않고 자연스럽게 입을 조금 벌리고 약간 「오」에 가깝게 「어」하면 된다.

🔍 보기
- ago [agóu] 「어고우」 : ~이전에
- America [əmérikə] 「어메리커」 : 미국

[ər] 「어~」

혀 끝을 안으로 구부리고 윗니 뿌리에 혀 끝이 달락말락하게 하면서 약하게 「어~」 하면 된다. 이때 그 소리는 「오~」에 가깝게 들린다.

🔍 보기
- doctor [dάktər] 「닥터~」 : 의사
- actor [ǽktər] 「액터~」 : 배우

참고사항

* 영국인은 미국인과는 달리 [ər]를 [ə]로 발음한다. 위의 '보기' 역시 영국인은 doctor는 [dάktər], actor는 [ǽktər]로 발음한다.

• 이중모음

두 개의 다른 모음이 한데 연결되어 약한 쪽이 강한 쪽에 붙어서 하나의 음절을 이루는 것을 '이중모음'이라 한다.

[ai] 「아이」 [a]의 발음은 [a]와 같고, [i] 역시 알파벳 [i]의 발음과 같다. [ai]의 발음은 우리 말의 「아이」와 같은 발음이다.

🔍보기
- sky [skai] 「스카이」 : 하늘
- night [nait] 「나이트」 : 밤

참고사항

* [a]는 단독으로 사용하지 않으며, 반드시 그 다음에 [i] 또는 [u]를 두어서 [ai], [au]와 같이 '이중모음'으로 사용된다.

[au] 「아우」 「아」를 강하게 「우」는 약하게 살짝 붙여 「아우」하고 발음한다.

🔍보기
- mouse [maus] 「마우스」 : 생쥐
- out [aut] 「아웃」 : 밖으로

[ei] 「에이」 [e]음과 [i]발음을 합친 음이다. 한 마디로 [ei]의 발음은 알파벳 'A(a)'의 발음 과 같다.

🔍보기
- table [teibl] 「테이블」 : 탁자
- name [neim] 「네임」 : 이름

[εər] 「에어~」 [ε]와 [ər]의 음을 합친 음. [ε]를 강하게 [ər]을 약하게 발음한다. 미국에서는 [εər]를 쓰고, 영국에서는 [εə]를 쓴다.

🔍보기
- bear [bεər] 「베어」 : 곰〈미국〉 *영국에서는 [bər] 「베어」
- air [εər] 「에어」 : 공기〈미국〉 *영국에서는 [εr] 「에어」

[iə] 「이어」   [i]와 [ə]의 발음을 합친 음. [i]를 강하게, [ə]는 약하게 이어서 발음한다.

🔍 보기   • idea [aidíːə] 「아이디-어」 : 생각

[iər] 「이어~」   [i]와 [ər]의 발음을 합친 음. [i]를 강하게, [ə]를 약하게 이어서 발음한다. 그리고 유의할 점은 단어속이 [r]이 있을 때에 미국에서는 [iər]을 쓰고 영국에서는 [iə]를 쓴다.

🔍 보기   • near [níər] 「니어」 : 가까이〈미국〉 ＊영국에서는 [niə] 「니어」

           • beer [bíər] 「비어」 : 맥주〈미국〉 ＊영국에서는 [biə] 「비어」

[oər] 「오어~」   [o]와 [ər]음을 합친 음. [o]를 강하고 약간 길게, [ər]은 약하게 이어서 발음한다.

🔍 보기   • door [dɔ́ːr] 「도어-」 : 창문

           • store [stɔ́ːr] 「스토어-」 : 상점

           ＊영국인은 미국인과는 달리 door를 [dɔː] 또는 [dɔə], store를 [stɔː] 또는 [stɔə]로 발음한다.

[ɔi] 「오이」   [ɔi]는 [ɔ]와 [i]를 합친 음이다. [ɔ]는 강하게, [i]는 약하게 연이어 발음한다.

🔍 보기   • toy [tɔi] 「토이」 : 장난감

           • boy [bɔi] 「보이」 : 소년

[ou] 「오우」   「오」를 세게, 「우」를 가볍게 이어서 발음한다.
                 [ou]의 발음은 이를테면, 알파벳 'o'의 발음과 같다.

🔍 보기   • nose [noːz] 「노-즈」 : 코 〈미국〉 ＊영국에서는 [nouz] 「노우즈」

           • no [no] 「노오」 : 아니오 〈미국〉 ＊영국에서는 [nou] 「노우」

[uər] 「우어~」

[uər]은 [u]와 [ər]의 발음을 합친 음이다. [u]를 강하게 [ər]은 약하게 이어서 발음한다. 여기서 유의할 점은 미국에서는 [uər]를 쓰고, 영국에서는 [uə]를 쓴다는 걸 이해하기 바란다.

🔍보기
- poor [puər] 「푸어」 : 가난한 〈미국〉 *영국에서는 [puə] 「푸어」
- your [juər] 「유어」 : 당신의 〈미국〉 *영국에서는 [yuə] 「유어」

3. 자음이란 무엇인가?

자음이란 발음할 때 혀, 이, 구강, 입술 등이 발음기관에 의해 호흡이 제한되어 나오는 소리를 말한다.

자음은 성대의 진동을 수반하는 유성(有聲) 자음과 그렇지 않은 무성(無聲)자음 두가지로 크게 나눌 수 있다.

[p] 「ㅍ(프)」

우리말의 닿소리(자음)인 「ㅍ」음과 같은 소리로 양입술을 물었다가 급히 열면 「ㅍ」음에 가까운 무성음 「ㅍ」음이 나온다.

🔍보기
- pig [pig] 「픽」 : 돼지
- page [peidʒ] 「페이지」 : 페이지, 쪽

[b] 「ㅂ(브)」

발음방법은 [p]와 같고, 다만 「브」음에 가까운 「ㅂ」로 발음하면 된다. 유성음이다.

🔍보기
- bed [bed] 「베드」 : 침대
- book [buk] 「북」: 책

[t] 「ㅌ(트)」

우리말 「트」에서 「ㅡ」을 뺀 음이라고 생각하면 된다. 윗몸에 혀 끝을 붙였다가 갑자기 떼면 된다. 무성음이다.

🔍보기
- tent [tent] 「텐트」 : 천막
- top [tap] 「탑」 : 꼭대기

[d] 「ㄷ (드)」 [t]음을 발음할 때와 같은 방식으로 발음하되, 이것도 우리말 「드」에서 「ㅡ」음을 뺀 음으로 발음하면 된다.

🔍보기
- desk [desk] 「데스크」 : 책상
- day [dey] 「데이」 : 일, 하루

[k] 「ㅋ (크)」 우리말 「ㅋ」에서 「ㅡ」를 뺀 발음이라고 보면 된다. 무성음이다.

🔍보기
- king [kíŋ] 「킹」 : 왕
- cup [kʌp] 「컵」 : 잔

[g] 「ㄱ (그)」 이것 또한 우리말 「그」에서 「ㅡ」를 뺀 발음이라고 보면 된다.

🔍보기
- girl [gə́rl] 「걸-」 : 소녀
- pig [pig] 「픽」 : 돼지

[f] 「ㅍ(프), ㅎ(흐)」 [f]음은 우리말에는 없는 음이니 특히 주의하기 바란다. 윗니를 아랫입술에 가볍게 대고 「프」하면 「흐」에 비슷한 입김 소리가 나온다. 무성음이다.

🔍보기
- foot [fut] 「풋」 : 발
- finger [fíŋɡər] : 손가락

[v] 「ㅂ (브)」 [v]음도 우리말에는 없는 음이다 물론 「v」음을 우리글로 표기할때에는 [b]음과 같으나 실제 발음은 다르다.

🔍보기
- voice [vois] 「보이스」 : 소리
- five [faiv] 「파이브」 : 다섯, 5

[s] 「ㅅ(스), ㅆ(쓰)」

우리말의 「스(쓰)」에서 「ㅡ」를 뺀 「스(쓰)」음이라고 보면 된다. 혀 끝을 윗 잇몸에 가까이 하여 내는 무성음이다.

🔍 보기
- sound [saund] 「싸운드」 : 음향
- desk [desk] 「데스크」 : 책상

---

[z] 「ㅈ(즈)」

[s]와 같은 방식으로 발음하는 유성음이다. 다만 [z]음은 [s]음의 흐린 소리이며 우리말의 「ㅈ」음의 긁히는 소리 쯤으로 보면 된다. 아무튼 [z]음 또한 우리말에는 없는 음이다.

🔍 보기
- zoo [zuː] 「주ー」 : 동물원
- rose [rouz] 「로우즈」 : 장미

[θ] 「ㅆ(쓰), ㄷ(드)」

[θ]음도 우리말에는 없는 음이니 유의하기 바란다. 혀 끝을 살짝 물면서 「ㅆ(쓰), ㄷ(드)」로 발음하면 [θ]음이 나온다. 무성음이다. [s]음 [z]음과 혼동하지 말 것.

🔍 보기
- thank [θǽŋk] 「쌩크」 : 감사하다
- mouth [mauθ] 「마우쓰」 : 입

[ð] 「ㄷ (드)」

[ð]음은 [θ]음의 흐린음이다. 물론 [θ]음과 같은 방식으로 혀 끝을 살짝 물면서 「쓰」하면 「드」에 가까운 소리가 난다.

🔍 보기
- this [ðís] 「디스」 : 이것
- mother [mʌ́ðər] 「머더」 : 어머니

[ʃ] 「쉬. 시」

[s]음이나 [z]음을 말할 때보다 혀 끝을 더 높이고 약간 내밀면서 「쉬」하면서 「시」에 가까운 소리가 난다. 무성음이다.
[f]를 발음하는 식으로 하면 된다. 유성음이다.

🔍 보기
- she [ʃiː] 「쉬ー(시ー)」 : 그여자
- sheet [ʃiːt] 「쉬ー(시)트」 : 종이

[ʒ] 「쥐(지)」 [ʃ]의 흐린 음으로 발음 요령 역시 [ʃ]와 같다. 다만 소리를 내면서 「쥐(지)」에 가까운 음을 낸다. 무성음이다.

🔍보기
- rouge [rúːʒ] 「루-쥐」 : 연지
- pleasure [pléʒər] 「플레저」 : 즐거움

[tʃ] 「ㅊ(츠)」 [t]와 [ʃ]가 합친 음으로 「취」 「치」에 가까운 「ㅊ」음으로 보면 된다. 무성음이다.

🔍보기
- chair [tʃɛ́ər] 「체어」 : 의자
- church [tʃə́ːrtʃ] 「처-치」 : 교회

[dʒ] 「ㅈ(즈.지)」 [d]와 [ʒ]가 합친 음으로 [tʃ]의 흐린 소리를 보면 된다. 앞의 [tʃ]음은 목에서 안 나는 입김인데 반해, [dʒ]음은 목에서 소리가 난다.

🔍보기
- just [dʒʌ́st] 「저스트」 : 꼭, 반드시
- bridge [brídʒ] 「브릿지」: 다리

[h] 「ㅎ(흐)」 성대를 열고 자유롭게 입속을 지나가도록 발음하는 무성음이다. 다시 말하면 우리 말 「하」에서 「ㅏ」, 「흐」에서 「ㅡ」를 뺀 「ㅎ」음이라고 보면 된다.

🔍보기
- hand [hænd] 「핸드」 : 손
- house [haus] 「하우스」 : 집

[l] 「ㄹ(을)」 혀끝을 윗잇몸에 댄 채로 혀에는 힘을 넣지 않고 내는 유성음.
즉, 우리말 「을」에 가까운 소리로 「으」를 뺀 「ㄹ」음 쯤으로 보면 된다.

🔍보기
- ball [bɔ́ːl] 「볼-」 : 공
- love [lʌ́v] 「러브」 : 사랑

[r] 「ㄹ(르)」 혀끝을 윗잇몸에 달락말락하게 하고, 혀끝과 윗니 뿌리 사이로부터 내보내는 유성음이다. 즉, 우리말 「라, 르」에서 「ㅏ」 「ㅡ」를 뺀 「ㄹ」음에 가까운 음이라고 생각하면 된다. 특히 [l]음과 혼동하지 않도록 한다.

ㅇ보기 • red [red] 「레드」 : 빨간
　　　• bread [bred] 「브레드」 : 빵

[j] 「의(이.으)」 혓바닥을 입천장 가까이까지 올리고, 짧게 「이」하면 「이.으」가 합친 음같은 소리가 나는데, 이것이 바로 「j」음이다. 다시 말하면 「유」라고 발음하고 그 입 모양을 그대로 두고 「이」하면 된다.

ㅇ보기 • yes [jes] 「예스」 : 예(네)
　　　• you [juː] 「유-」 : 당신

[w] 「우」 두 입술에 힘을 넣어 둥글게 하여 내밀고 혀 뒤를 입천정으로 올리면서 그 사이로부터 세게 「우」하면 된다.

ㅇ보기 • wood [wud] 「우드」 : 나무, 숲
　　　• watch [wátʃ] 「왓치」 : 시계

[m] 「ㅁ(음.므)」 우리글의 「ㅁ」과 같은 음으로, 두 입술을 다물면서 내는 유성음이다.

ㅇ보기 • milk [milk] 「밀크」 : 우유
　　　• my [mai] 「마이」 : 나의

[n] 「ㄴ(느.은)」 우리글의 「ㄴ」과 같은 음으로, 혀 끝을 윗잇몸에 단단히 붙였다가 떼며 내는 소리이며 유성음이다.

ㅇ보기 • now [nau] 「나우」 : 지금
　　　• sun [sʌn] 「썬」 : 태양

[íŋ] 「ㅇ(응)」 우리글의 「ㅇ」과 같은 음이다. 혀의 뒷부분을 입천장 뒤에 붙여서 내는 유성음이다.

🔍보기
- sing [síŋ] 「씽」 : 노래 부르다
- king [kíŋ] 「킹」 : 왕

[ts] 「ㅆ(쓰)」 [t]와 [s]가 합친 음으로, 「ㅊ(츠)」에 가까운 「ㅆ(쓰)」 소리다. [ts]와 혼동되지 않도록 주의하며 유성음이다.

🔍보기
- hats [hǽts] 「햇츠」 : 모자들
- cats [kǽts] 「캣츠」 : 고양이들

[dz] 「ㅈ(즈)」 [ts]의 흐린 음으로 [d]와 [z]가 합친 음이다. 혀끝을 윗니 뿌리에 대고 [d]음이 섞이도록 하면서 「ㅈ(즈)」하면 된다. 유성음이다.

🔍보기
- beds [bedz] 「베즈」 : 침대들
- hands [hǽndz] 「핸즈」 : 손들

[hw] 「후」 [hw]음은 미국식 발음으로 [h]와 [w]음이 합친 음이다. 영국에서는 그냥 [w] 「우」라고 발음한다.

🔍보기
- what [hwat] 「홧」 : 무엇 (미국식) *영국에서는 「왓」
- where [hwɛ́ər] 「훼어」 : 어디로 (미국식) *영국에서는 「웨어」

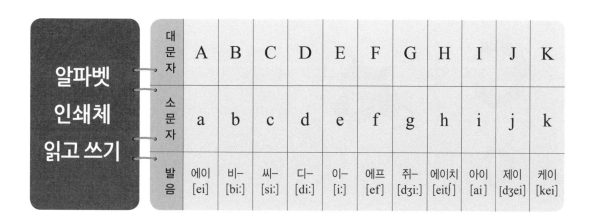

	대문자	A	B	C	D	E	F	G	H	I	J	K
알파벳 인쇄체 읽고 쓰기	소문자	a	b	c	d	e	f	g	h	i	j	k
	발음	에이 [ei]	비- [bi:]	씨- [si:]	디- [di:]	이- [i:]	에프 [ef]	쥐- [dʒi:]	에이치 [eitʃ]	아이 [ai]	제이 [dʒei]	케이 [kei]

Apple [ǽpl]
애플
사과

에이 [ei]

※ 「에」를 짧고 강하게, 바로 이어서 「이」를 살짝 붙여 「에이」하고 발음하면 된다.

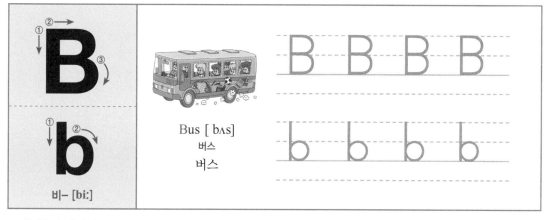

Bus [bʌs]
버스
버스

비- [bi:]

※ 윗입술과 아랫입술을 가볍게 붙였다가 떼면서 동시에 세게 「비」하면 된다.

※ 혀끝을 윗잇몸에 가까이 붙이고서 처음 「씨」를 세게 발음하면서 「쓰이」에 가까운 「씨이」가 된다.

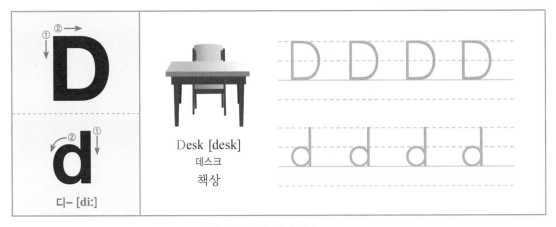

※ 혀끝을 윗니 뒤에 살짝 붙였다가 떼면서 강하게 「디이」하면 된다.

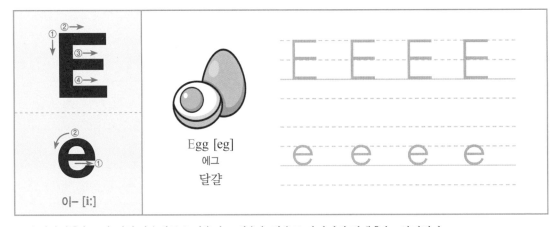

※ 우리말의 「이」보다 혀의 가운데를 높이올리고 입술을 좌우로 당기면서 길게 「이ㅡ」하면된다.

Fish [fiʃ]
피쉬
물고기

에프 [ef]

※ 가볍고 짧게 「에」에 이어, 아랫입술을 윗니로 가볍게 누르고 그 사이로 밀어내듯이 「프(흐)」하면서 「흐」에 가까운 소리가 난다. *우리에게 없는 음이니 주의하기 바란다..

Girl [gə:rl]
걸-
소녀

쥐- [dʒi:]

※ 혀를 입천정에 넓게 붙이려고 애쓰면서 입술을 조금 앞으로 내밀고 길게 「쥐이」에 가깝게 「지-」하고 발음하면 된다.

Hen [hen]
헨
암탉

에이취 [eitʃ]

※ 「에」는 세게, 「이취」는 약하게, 「에」뒤에 가볍게 붙인다. 여기서 「취」는 「츠」에 가까운 음이니 주의하기 바란다.

※「아」는 세게, 「이」는 약하게 「아」뒤에 가볍게 붙인다. 우리 말의 「아이」와 같은 발음이다.

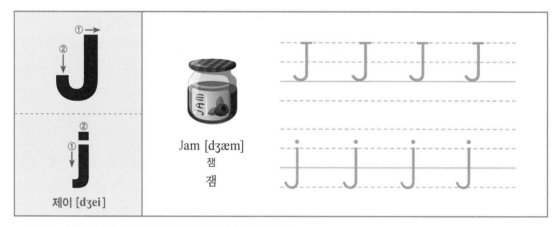

※「제」를 세게, 「이」는 약하게 「제」뒤에 가볍게 붙여 발음한다.

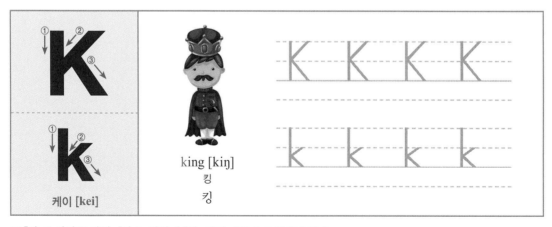

※「케」를 강하고 짧게, 「이」는 약하게 「케」 뒤에 가볍게 붙여 발음한다.

대문자	L	M	N	O	P	Q	R	S	T	U	V
소문자	l	m	n	o	p	q	r	s	t	u	v
발음	엘 [el]	엠 [em]	엔 [en]	오우 [ou]	피- [pi:]	큐 [kju:]	아알 [:(r)]	에스 [es]	티- [ti:]	유- [ju:]	비- [vi:]

알파벳 인쇄체 읽고 쓰기

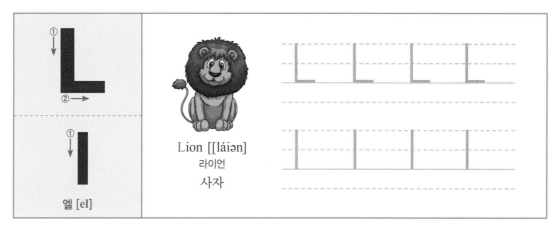

Lion [[láiən]
라이언
사자

엘 [el]

※ 대체적으로 우리말의 「엘」을 발음하듯이 혀끝을 굴리며 발음하면 된다.

Monkey [mʌŋki]
멍키
원숭이

엠 [em]

※ 「에」를 세게, 「ㅁ」은 입을 다물고 코로 소리를 내듯 동시에 「엠」하면 된다.

27

※ 앞의 M과 같이, 우리말의 「엔」을 발음하듯이 「엔」을 발음하듯이 「엔」하고 발음하면 된다.

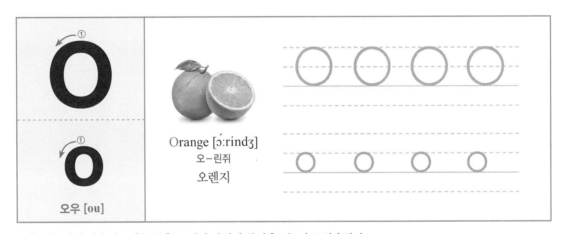

※ 「오」를 세게 발음하고, 「우」를 「오」 뒤에 가볍게 붙여 「오우」라고 발음한다.

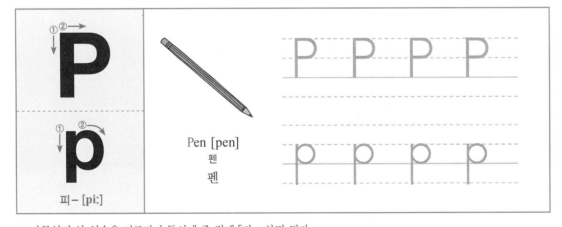

※ 다물었던 양 입술을 터트리며 동시에 좀 길게 「피ㅡ」하면 된다.

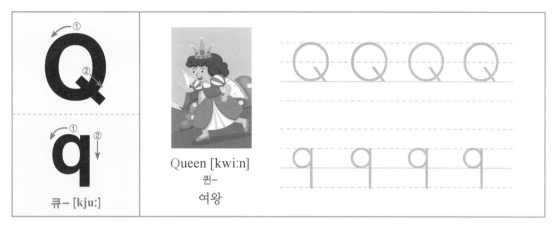

Queen [kwi:n]
퀸-
여왕

큐- [kju:]

※ 대체적으로 우리말의 「큐우」를 발음하는 것처럼 발음하면 된다.

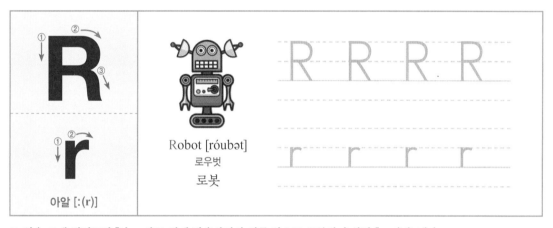

Robot [róubət]
로우벗
로봇

아알 [:(r)]

※ 입을 크게 벌리고서 「아~」하고 길게 발음하면서 혀를 안으로 꼬부리며 살짝 「ㄹ」음을 낸다.

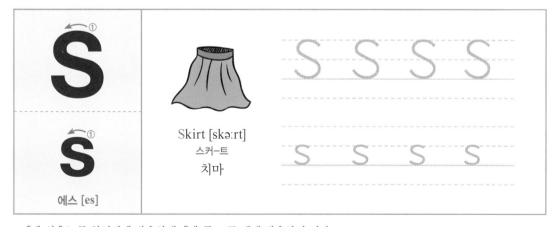

Skirt [skə:rt]
스커-트
치마

에스 [es]

※ 「에」와 「스」를 한꺼번에 발음하되, 「에」를 조금 세게 발음하면 된다.

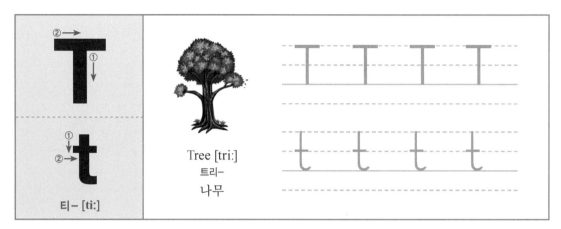

Tree [tri:]
트리-
나무

※ 앞의 「D」의 발음 요령과 비슷하다. 단 「티」를 강하게, 그리고 「이」를 약하게 발음하면 된다.

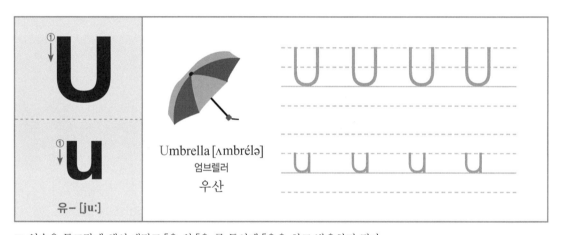

Umbrella [ʌmbrélə]
엄브렐러
우산

※ 입술을 동그랗게 해서 내밀고 「유」와 「우」를 동시에 「유우」하고 발음하면 된다.

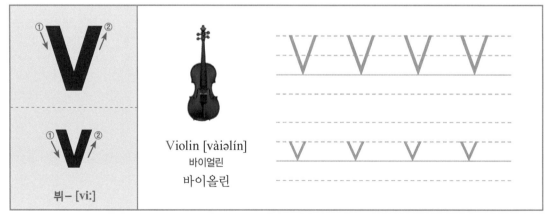

Violin [vàiəlín]
바이얼린
바이올린

※ 윗니 끝을 아랫입술에 가볍게 대고 「브이」하면 「뷔」에 가까운 소리가 난다. B「비」와 혼동하지 말것.

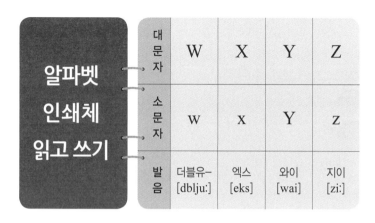

알파벳 인쇄체 읽고 쓰기	대 문 자	W	X	Y	Z
	소 문 자	w	x	Y	z
	발 음	더블유- [dbljuː]	엑스 [eks]	와이 [wai]	지이 [ziː]

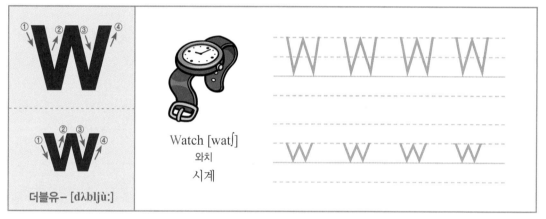

Watch [watʃ]
와치
시계

※ 「더」를 세게, 이어서 「블유」를 가볍게 붙여 발음하면 된다.

Xmas [éksməs]
엑스머스
크리스마스

※ 「엑」을 세게 발음하고, 「스」를 「엑」 뒤에 가볍게 붙여 발음하면 된다.

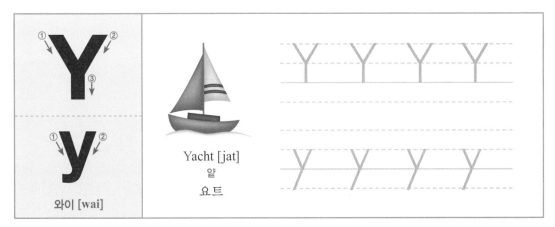

Yacht [jat]
얕
요트

※ 우리말의 「와」보다 입술을 더 둥글게 오무려서 내밀고 「와」를 세게, 이어서 「이」를 「와」 뒤에 가볍게 붙인다.

Zoo [zu:]
주ー
동물원

※ 영국에서는 「젯」으로 발음한다. 그러나 미국에서는 「즈이」또는 「지이」로 발음한다.

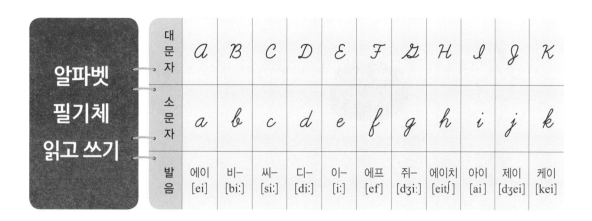

대문자	$\mathcal{A}$	$\mathcal{B}$	$\mathcal{C}$	$\mathcal{D}$	$\mathcal{E}$	$\mathcal{F}$	$\mathcal{G}$	$\mathcal{H}$	$\mathcal{I}$	$\mathcal{J}$	$\mathcal{K}$
소문자	a	b	c	d	e	f	g	h	i	j	k
발음	에이 [ei]	비— [bi:]	씨— [si:]	디— [di:]	이— [i:]	에프 [ef]	쥐— [dʒi:]	에이치 [eitʃ]	아이 [ai]	제이 [dʒei]	케이 [kei]

Airplane [erplein]
에어플레인
비행기

에이 [ei]

※ 「에」를 짧고 강하게, 바로 이어서 「이」를 살짝 붙여 「에이」하고 발음하면 된다.

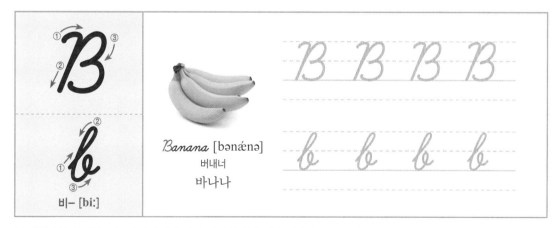

Banana [bənǽnə]
버내너
바나나

비— [bi:]

※ 윗입술과 아랫입술을 가볍게 붙였다가 떼면서 동시에 세게 「비」하면 된다.

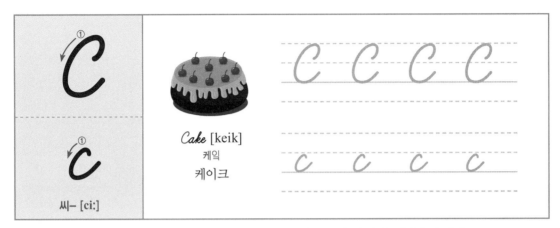

Cake [keik]
케잌
케이크

※ 혀 끝을 윗잇몸에 가까이 붙이고서 처음 「씨」를 세게 발음하면서 「쓰이」에 가까운 「씨이」가 된다.

Dog [dɔ:g]
도-그
개

※ 혀 끝을 윗니 뒤에 살짝 붙였다가 떼면서 강하게 「디이」하면 된다.

Elephant
[éləfənt]
엘러펀트
코끼리

※ 우리말의 「이」보다 혀의 가운데를 높이올리고 입술을 좌우로 당기면서 길게 「이-」하면된다.

Frog [frɔːg]
포로-그
개구리

※ 가볍고 짧게 「에」에 이어, 아랫입술을 윗니로 가볍게 누르고 그 사이로 밀어내듯이 「프(흐)」하면서 「흐」에 가까운 소리가 난다. *우리에게 없는 음이니 주의하기 바란다.

Grape [greip]
그레이프
포도

※ 혀를 입천정에 넓게 붙이려고 애쓰면서 입술을 조금 앞으로 내밀고 길게 「쥐이」에 가깝게 「지-」하고 발음하면 된다.

House [haus]
하우스
집

※ 「에」는 세게, 「이취」는 약하게, 「에」뒤에 가볍게 붙인다. 여기서 「취」는 「츠」에 가까운 음이니 주의하기 바란다.

Ice cream
[ais kri:m]
아이스크림-
아이스크림

아이 [ai]

※「아」는 세계,「이」는 약하게「아」뒤에 가볍게 붙인다. 우리 말의「아이」와 같은 발음이다.

Jacket [dʒǽkit]
재킽
재킷

제이 [dʒei]

※「제」를 세게,「이」는 약하게「제」뒤에 가볍게 붙여 발음한다.

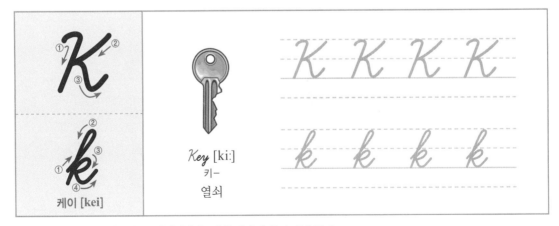

Key [ki:]
키-
열쇠

케이 [kei]

※「케」를 강하고 짧게,「이」는 약하게「케」뒤에 가볍게 붙여 발음한다.

대문자	*L*	*M*	*N*	*O*	*P*	*Q*	*R*	*S*	*T*	*U*	*V*
소문자	*l*	*m*	*n*	*o*	*p*	*q*	*r*	*s*	*t*	*u*	*v*
발음	엘 [el]	엠 [em]	엔 [en]	오우 [ou]	피- [pi:]	큐- [kju:]	아알 [ɑ:(r)]	에스 [es]	티- [ti:]	유- [ju:]	비- [vi:]

알파벳
필기체
읽고 쓰기

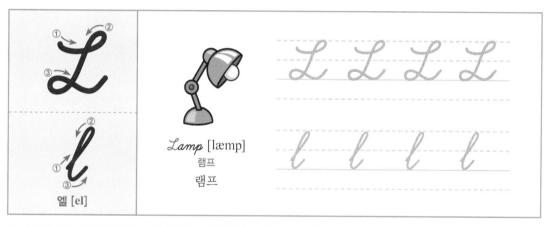

Lamp [læmp]
램프
램프

※ 대체적으로 우리말의 「엘」을 발음하듯이 혀끝을 굴리며 발음하면 된다.

Mouse [maus]
마우스
쥐

※ 「에」를 세게, 「ㅁ」은 입을 다물고 코로 소리를 내듯 동시에 「엠」 하면 된다.

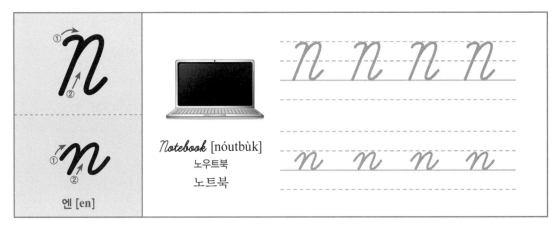

※ 앞의 M과 같이, 우리말의 「엔」을 발음하듯이 「엔」을 발음하듯이 「엔」하고 발음하면 된다.

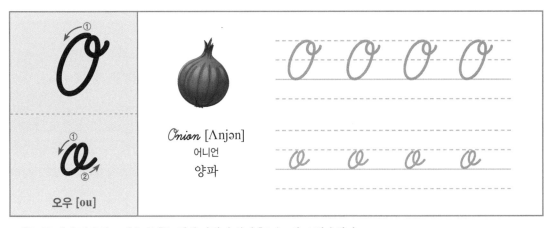

※ 「오」를 세게 발음하고, 「우」를 「오」뒤에 가볍게 붙여 「오우」 하고 발음한다.

※ 다물었던 양 입술을 터트리며 동시에 좀 길게 「피-」하면 된다.

Query [kwíəri]
퀴어리
질문하다

큐— [kjuː]

※ 대체적으로 우리말의 「큐우」를 발음하는 것처럼 발음하면 된다.

Rose [rouz]
로우즈
장미

아알 [:(r)]

※ 입을 크게 벌리고서 「아~」하고 길게 발음하면서 혀를 안으로 꼬부리며 살짝 「ㄹ」음을 낸다.

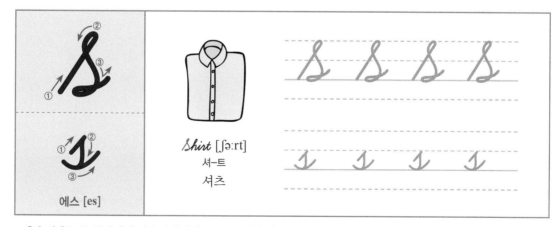

Shirt [ʃəːrt]
셔—트
셔츠

에스 [es]

※ 「에」와 「스」를 한꺼번에 발음하되, 「에」를 조금 세게 발음하면 된다.

Turtle [tə́:rtl]
터-틀
거북이

※ 앞의 「D」의 발음 요령과 비슷하다. 단 「티」를 강하게, 그리고 「이」를 약하게 발음하면 된다.

Unicycle
[júːnisàikl]
유-니사이클
외바퀴 자전거

※ 입술을 동그랗게 해서 내밀고 「유」와 「우」를 동시에 「유우」하고 발음하면 된다.

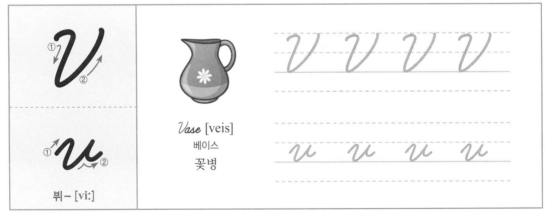

Vase [veis]
베이스
꽃병

※ 윗니 끝을 아랫입술에 가볍게 대고 「브이」하면 「뷔」에 가까운 소리가 난다. B「비」와 혼동하지 말것.

	대문자	$\mathcal{W}$	$\mathcal{X}$	$\mathcal{Y}$	$\mathcal{Z}$
알파벳 필기체 읽고 쓰기	소문자	w	x	$\mathcal{Y}$	$\mathcal{z}$
	발음	더블유- [dblju:]	엑스 [eks]	와이 [wai]	지- [zi:]

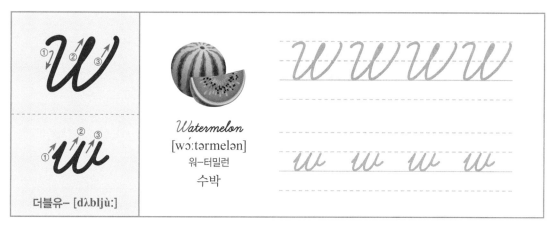

Watermelon
[wɔ́ːtərmelən]
워-터밀런
수박

더블유- [dʌbljùː]

※ 「더」를 세게, 이어서 「블유」를 가볍게 붙여 발음하면 된다.

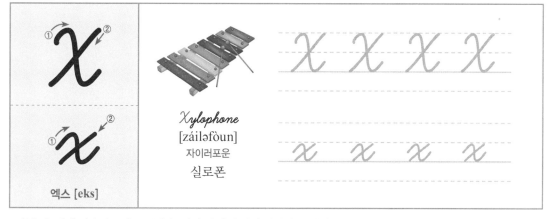

Xylophone
[záiləfòun]
자이러포운
실로폰

엑스 [eks]

※ 「엑」을 세게 발음하고, 「스」를 「엑」 뒤에 가볍게 붙여 발음하면 된다.

Yacht [jat]
얕
요트

※ 우리말의 「와」보다 입술을 더 둥글게 오무려서 내밀고 「와」를 세게, 이어서 「이」를 「와」 뒤에 가볍게 붙인다.

Zebra [zíːbrə]
지-브러
얼룩말

지- [ziː]

※ 영국에서는 「젯」으로 발음한다. 그러나 미국에서는 「즈이」또는 「지이」로 발음한다.

알파벳 인쇄체 따라쓰기 연습(대문자)

● A~K 따라쓰기

A B C D E F G H I J K

A B C D E F G H I J K

A B C D E F G H I J K

A B C D E F G H I J K

● L~V 따라쓰기

L M N O P Q R S T U V

L M N O P Q R S T U V

LMNOPQRSTUV

LMNOPQRSTUV

● **W~Z 따라쓰기**

WXYZ

WXYZ

WXYZ

WXYZ

알파벳 인쇄체 따라쓰기 연습(소문자)

● a~k 따라쓰기

a b c d e f g h i j k

a b c d e f g h i j k

a b c d e f g h i j k

a b c d e f g h i j k

● l~v 따라쓰기

l m n o p q r s t u v

l m n o p q r s t u v

l m n o p q r s t u v

l m n o p q r s t u v

● w~z 따라쓰기

w x y z

w x y z

w x y z

w x y z

알파벳 필기체 따라쓰기 연습(대문자)

● *a~k* 따라쓰기

A B C D E F G H I J K

A B C D E F G H I J K

A B C D E F G H I J K

A B C D E F G H I J K

● *L~V* 따라쓰기

L M N O P Q R S T U V

L M N O P Q R S T U V

L M N O P Q R S T U V

L M N O P Q R S T U V

● W~Z 따라쓰기

W X Y Z

W X Y Z

W X Y Z

W X Y Z

알파벳 필기체 따라쓰기 연습(소문자)

● *a~k* 따라쓰기

a b c d e f g h i j k

a b c d e f g h i j k

a b c d e f g h i j k

a b c d e f g h i j k

● *l~u* 따라쓰기

l m n o p q r s t u v

l m n o p q r s t u v

l m n o p q r s t u v

l m n o p q r s t u v

● *w~z* 따라쓰기

w x y z

w x y z

w x y z

w x y z

● A~Z 이어쓰기

A B C D E F G H I

J K L M N O P Q R

S T U V W X Y Z

A B C D E F G H I

J K L M N O P Q R

S T U V W X Y Z

A B C D E F G H I

J K L M N O P Q R

S T U V W X Y Z

알파벳 이어쓰기 연습(소문자)

● a~z 이어쓰기

a b c d e f g h i

j k l m n o p q r

s t u v w x y z

a b c d e f g h i

j k l m n o p q r

s t u v w x y z

a b c d e f g h i

j k l m n o p q r

s t u v w x y z

알파벳 필기체 이어쓰기 연습(대문자)

● $a \sim z$ 이어쓰기

$A \quad B \quad C \quad D \quad E \quad F \quad G \quad H \quad I$

$J \quad K \quad L \quad M \quad N \quad O \quad P \quad Q \quad R$

$S \quad T \quad U \quad V \quad W \quad X \quad Y \quad Z$

$A \quad B \quad C \quad D \quad E \quad F \quad G \quad H \quad I$

$J \quad K \quad L \quad M \quad N \quad O \quad P \quad Q \quad R$

$S \quad T \quad U \quad V \quad W \quad X \quad Y \quad Z$

A B C D E F G H I

J K L M N O P Q R

S T U V W X Y Z

알파벳 필기체 이어쓰기 연습(소문자)

● *a~z* 이어쓰기

a b c d e f g h i

j k l m n o p q r

s t u v w x y z

a b c d e f g h i

j k l m n o p q r

s t u v w x y z

알파벳 필기체 대소문자 혼합쓰기 연습

- a~z 이어쓰기

Aa Bb Cc Dd Ee Ff Gg

Hh Ii Jj Kk Ll Mm Nn

Oo Pp Qq Rr Ss Tt Uu

Vv Ww Xx Yy Zz

Aa Bb Cc Dd Ee Ff Gg

Hh Ii Jj Kk Ll Mm Nn

Oo Pp Qq Rr Ss Tt Uu

Vv Ww Xx Yy Zz

재미있는 영단어 게임

A 다음 그림을 보고 단어의 첫 알파벳에 동그라미 하세요.

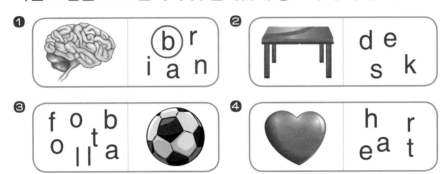

B 대문자는 소문자와 소문자는 대문자와 연결한 다음 따라 써 보세요.

C 다음 그림을 보고 빈칸과 단어를 올바르게 연결하세요.

초등 필수
1-2 학년
〈교육부 지정〉

Part 1

day 01

Family I 가족

◈ 그림을 보며 단어를 익힌 후, 빈칸에 단어를 따라 써 보세요. 🎧 01

family
[fǽməli] 패멀리
가족

family family family family family

grandparents
[grǽndpɛ̀ərənts]
그랜드페어런츠
조부모

grandparents grandparents

grandfather
[grǽndfɑ̀ːðər]
그랜드파-더
할아버지

grandfather grandfather grandfather

grandmother
[grǽndmʌ̀ðər]
그랜드머더
할머니

grandmother grandmother

parents
[pɛ́ərənts] 페어런츠
부모

parents parents parents parents

father
[fɑ́ːðər] 파-더
아버지

father father father father father

mother
[mʌ́ðər] 머더
어머니

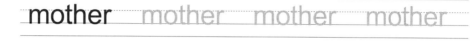

mother mother mother mother

brother
[brʌ́ðə] 브러더
오빠, 형,
남동생(남자형제)

brother brother brother brother

sister
[sístər] 씨스터
언니, 누나,
여동생(여자형제)

sister sister sister sister sister

together
[təɡéðər] 터게더
함께, 같이

together together together together

Greeting 인사

◇ 그림을 보며 단어를 익힌 후, 빈칸에 단어를 따라 써 보세요. 🎧 01

hi hi hi hi hi hi

hi
[hai] 하이
안녕

hello hello hello hello hello

hello
[hǽlou] 헬로우
안녕하세요

bye bye bye bye bye bye

bye
[bai] 바이
안녕, 잘 가

good good good good good

good
[gud] 굳
좋은

morning morning morning

morning
[mɔ́ːrniŋ] 모-닝
아침, 오전

afternoon

[æftərnúːn] 앱터누-ㄴ
점심, 오후

afternoon　afternoon　afternoon

evening

[íːvniŋ] 이-브닝
저녁

evening　evening　evening

night

[nait] 나이트
밤

night　night　night　night

fine

[fain] 파인
좋은, 맑은

fine　fine　fine　fine　fine

okay

[óukéi] 오케이
좋아/괜찮아

okay　okay　okay　okay

Number | 숫자

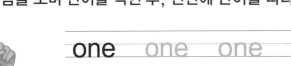

◈ 그림을 보며 단어를 익힌 후, 빈칸에 단어를 따라 써 보세요. 🎧 01

one
[wʌn] 원
하나의, 한 개

one one one one one one

two
[tu:] 투-
둘의, 두 개

two two two two two two

three
[θri:] 스리
셋의, 세 개

three three three three three

four
[fɔ:r] 포-
넷의, 네 개

four four four four four four

five
[faiv] 파이브
다섯의, 다섯 개

five five five five five five

six
[siks] 식스
여섯의, 여섯 개

six　　six　　six　　six　　six　　six

seven
[séven] 세븐
일곱의, 일곱 개

seven　　seven　　seven　　seven

eight
[eit] 에잇
여덟의, 여덟 개

eight　　eight　　eight　　eight　　eight

nine
[nain] 나인
아홉의, 아홉 개

nine　　nine　　nine　　nine　　nine

ten
[ten] 텐
열의, 열 개

ten　　ten　　ten　　ten　　ten　　ten

1~2 학년

I · We 나·우리

◈ 그림을 보며 단어를 익힌 후, 빈칸에 단어를 따라 써 보세요. 🎧 01

I
[ai] 아이
나

I

you
[ju:] 유-
너, 너희

you   you   you   you   you   you

he
[hi:] 히-
그

he   he   he   he   he   he

she
[ʃi:] 쉬-
그녀

she   she   she   she   she   she

we
[wi:] 위-
우리가, 우리는

we   we   we   we   we   we

they
[ðei] 데이
그들

they   they   they   they   they

it
[it] 잇
그것

it   it   it   it   it   it

this
[ðis] 디스
이것

this   this   this   this   this

that
[ðæt] 댄
저것

that   that   that   that   that

everyone
[évriwʌn] 에브리원
모든 사람, 누구나

everyone   everyone   everyone

◈ 그림을 보며 단어를 익힌 후, 빈칸에 단어를 따라 써 보세요. 🎧 01

face
[feis] 페이스
얼굴

face face face face face face

eyebrow
[áibràu] 아이브라우
눈썹

eyebrow eyebrow eyebrow

eye
[ai] 아이
눈

eye eye eye eye eye eye

nose
[nouz] 노우즈
코

nose nose nose nose nose

ear
[iər] 이어
귀

ear ear ear ear ear ear

mouth

mouth

mouth
[mauθ] 마우쓰
입

lip lip lip lip lip lip

lip
[lip] 립
입술

tooth tooth tooth tooth tooth

tooth
[tu:θ] 투-쓰
이, 치아

cheek cheek cheek cheek

cheek
[ʧi:k] 치-크
뺨, 볼

chin chin chin chin chin chin

chin
[ʧin] 친
턱

Body 몸·신체

◈ 그림을 보며 단어를 익힌 후, 빈칸에 단어를 따라 써 보세요. 01

hair
[hɛər] 헤어
머리카락

hair hair hair hair hair hair

head
[hed] 헤드
머리

head head head head head

neck
[nek] 넥
목

neck neck neck neck neck

shoulder
[ʃóuldər] 쇼울더
어깨

shoulder shoulder shoulder

arm
[ɑːrm] 아-암
팔

arm arm arm arm arm arm

hand
[hænd] 핸드
손

hand · hand · hand · hand · hand

finger
[fíŋgər] 핑거
손가락

finger · finger · finger · finger · finger

leg
[leg] 렉
다리

leg · leg · leg · leg · leg

foot
[fut] 풋
발

foot · foot · foot · foot · foot

toe
[tou] 토우
발가락

toe · toe · toe · toe · toe

Pet 1 반려동물

◈ 그림을 보며 단어를 익힌 후, 빈칸에 단어를 따라 써 보세요. 01

pet
[pet] 펫
반려동물

pet   pet   pet   pet   pet   pet

dog
[dɔːg] 도-ㄱ
개

dog   dog   dog   dog   dog   dog

cat
[kæt] 캣
고양이

cat   cat   cat   cat   cat   cat

rabbit
[ræbit] 래빝
토끼

rabbit   rabbit   rabbit   rabbit   rabbit

bird
[bəːrd] 버-드
새

bird   bird   bird   bird   bird   bird

fish
[fiʃ] 피쉬
물고기

fish   fish   fish   fish   fish   fish

turtle
[təˊːrtl] 터–틀
거북이

turtle   turtle   turtle   turtle   turtle

frog
[frɔːg] 프로–ㄱ
개구리

frog   frog   frog   frog   frog   frog

snake
[sneik] 스네이크
뱀

snake   snake   snake   snake

hamster
[hǽmstər] 햄스터
햄스터

hamster   hamster   hamster

day
08

Food 음식

◈ 그림을 보며 단어를 익힌 후, 빈칸에 단어를 따라 써 보세요. 🎧 01

rice   rice   rice   rice   rice   rice

rice
[rais] 라이스
밥, 쌀밥

bread   bread   bread   bread   bread

bread
[bred] 브레드
빵

jam   jam   jam   jam   jam   jam

jam
[dʒæm] 잼
잼

sandwich   sandwich   sandwich

sandwich
[sǽndwitʃ] 샌드위치
샌드위치

cheese   cheese   cheese   cheese

cheese
[tʃiːz] 치-즈
치즈

butter　butter　butter　butter　butter

butter
[bʌ́tər] 버터
버터

tea　tea　tea　tea　tea　tea

tea
[ti:] 티-
차

milk　milk　milk　milk　milk　milk

milk
[milk] 밀크
우유

juice　juice　juice　juice　juice

juice
[dʒuːs] 쥬-스
주스

water　water　water　water　water

water
[wɔ́ːtər] 워-터
물

Fruit 과일

◈ 그림을 보며 단어를 익힌 후, 빈칸에 단어를 따라 써 보세요. 🎧 01

apple
[ǽpl] 애플
사과

apple   apple   apple   apple

pear
[pɛər] 페어
배

pear   pear   pear   pear

peach
[piːtʃ] 피-취
복숭아

peach   peach   peach

orange
[ɔ́ːrindʒ] 오-린쥐
오렌지

orange   orange   orange

grape
[greip] 그레이프
포도

grape   grape   grape   grape

strawberry
[strɔ́ːbèri]
스트로−베리
딸기

strawberry ~~strawberry~~ ~~strawberry~~

banana
[bənǽnə] 버내너
바나나

banana ~~banana~~ ~~banana~~ ~~banana~~

kiwi
[kíːwi] 키−위
키위

kiwi ~~kiwi~~ ~~kiwi~~ ~~kiwi~~ ~~kiwi~~ ~~kiwi~~

lemon
[lémən] 레먼
레몬

lemon ~~lemon~~ ~~lemon~~ ~~lemon~~

watermelon
[wɔ́ːtərmèlən]
워−터멜런
수박

watermelon ~~watermelon~~

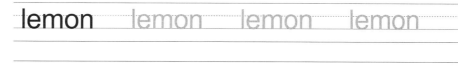

Vegetable   야채

◈ 그림을 보며 단어를 익힌 후, 빈칸에 단어를 따라 써 보세요. 🎧 01

tomato

tomato

tomato
[təméitou]
터메이토우
토마토

carrot

carrot

carrot
[kǽrət] 캐럿
당근

potato

potato

potato
[pətéitou] 퍼테이토우
감자

sweet potato

sweet potato

sweet potato
[swiːt pətéitou]
스윗– 퍼테이토우
고구마

corn

corn

corn
[kɔːrn] 콘–
옥수수

onion
[ʌ́njən] 어년
양파

onion onion onion onion onion

bean
[biːn] 빈-
콩

bean bean bean bean bean

cabbage
[kǽbidʒ] 캐비쥐
양배추

cabbage cabbage cabbage

cucumber
[kjúːkʌmbər]
큐-컴버
오이

cucumber cucumber cucumber

pumpkin
[pʌ́mpkin] 펌킨
호박

pumpkin pumpkin pumpkin

Farm animal 농장동물

◆ 그림을 보며 단어를 익힌 후, 빈칸에 단어를 따라 써 보세요. 🎧 01

horse
[hɔːrs] 호-스
말, (성장한) 수말

horse horse horse horse horse

rooster
[rúːstər] 루-스터
수탉

rooster rooster rooster rooster

hen
[hen] 헨
암탉

hen hen hen hen hen hen

sheep
[ʃíːp] 쉬-ㅍ
양

sheep sheep sheep sheep

cow
[kau] 카우
암소, 젖소

cow cow cow cow cow cow

goat goat goat goat goat

goat
[gout] 고우트
염소

duck duck duck duck duck

duck
[dʌk] 덕
오리

goose goose goose goose

goose
[guːs] 구-스
거위

pig pig pig pig pig pig

pig
[pig] 피그
돼지

mouse mouse mouse mouse

mouse
[maus] 마우스
쥐, 생쥐

day **12**

Wild animal 야생동물

◈ 그림을 보며 단어를 익힌 후, 빈칸에 단어를 따라 써 보세요. 🎧 01

tiger

tiger   tiger   tiger   tiger

tiger
[táigər] 타이거
호랑이

lion

lion   lion   lion   lion   lion

lion
[láiən] 라이언
사자

elephant   elephant   elephant

elephant
[éləfənt] 엘러펀트
코끼리

bear   bear   bear   bear   bear

bear
[bɛər] 베어
곰

gorilla   gorilla   gorilla   gorilla

gorilla
[gərílə] 거릴러
고릴라

monkey
[mʌ́ŋki] 멍키
원숭이

monkey monkey monkey monkey

alligator
[ǽligèitər]
앨리게이터
악어

alligator alligator alligator alligator

wolf
[wulf] 울프
늑대

wolf wolf wolf wolf wolf wolf

fox
[fɑ:ks] 팍-스
여우

fox fox fox fox fox fox

zebra
[zí:brə] 지-브러
얼룩말

zebra zebra zebra zebra zebra

Looks I   모습

◈ 그림을 보며 단어를 익힌 후, 빈칸에 단어를 따라 써 보세요. 🎧 01

new

new
[nu:] 뉴-
새로운

new new new new new

---

ugly

ugly
[ʌ́gli] 어글리
못생긴

ugly ugly ugly ugly ugly

---

tall

tall
[tɔ:l] 톨-
키가 큰

tall tall tall tall tall tall

---

fat

fat
[fæt] 팻
뚱뚱한

fat fat fat fat fat fat

---

pretty

pretty
[príti] 프리티
예쁜

pretty pretty pretty pretty

beautiful
[bjúːtifəl] 뷰-티플
아름다운

beautiful   beautiful   beautiful

heavy
[hévi] 헤비
무거운

heavy   heavy   heavy   heavy

light
[lait] 라이트
가벼운

light light light light light

bright
[brait] 브라이트
밝은

bright bright bright bright bright

dark
[dɑːrk] 다-크
어두운

dark dark dark dark dark

Color | 색깔

◈ 그림을 보며 단어를 익힌 후, 빈칸에 단어를 따라 써 보세요. 🎧 01

red
[red] 레드
빨간색의, 빨강

red   red   red   red   red   red

blue
[blu:] 블루-
파란색의, 파랑

blue   blue   blue   blue   blue   blue

yellow
[jélou] 옐로우
노란색의, 노랑

yellow   yellow   yellow   yellow

green
[gri:n] 그리-ㄴ
녹색, 녹색의

green   green   green   green   green

purple
[pə́:rpl] 퍼-플
보라색의, 보라

purple   purple   purple   purple

pink pink pink pink pink pink

pink
[piŋk] 핑크
분홍색의, 분홍

brown brown brown brown

brown
[braun] 브라운
갈색의, 갈색

gray gray gray gray gray gray

gray
[grei] 그레이
회색, 회색의

black black black black black

black
[blæk] 블랙
검은색의, 검정

white white white white white

white
[hwait] 와이트
흰색의, 하양

day 15

Clothes | 옷

◈ 그림을 보며 단어를 익힌 후, 빈칸에 단어를 따라 써 보세요. 🎧 01

clothes
[klouz] 클로우즈
옷

clothes clothes clothes clothes

shirt
[ʃə:rt] 셔-트
셔츠, 와이셔츠

shirt shirt shirt shirt shirt shirt

blouse
[blaus] 블라우스
블라우스

blouse blouse blouse blouse

skirt
[skə:rt] 스커-트
치마, 스커트

skirt skirt skirt skirt skirt skirt

dress
[dres] 드레스
드레스,
옷을 입다

dress dress dress dress dress

pants
[pænts] 팬츠
바지

pants   pants   pants   pants   pants

jeans
[dʒiːnz] 진－즈
청바지

jeans   jeans   jeans   jeans   jeans

jacket
[dʒǽkit] 재킷
재킷

jacket   jacket   jacket   jacket   jacket

socks
[saks] 싹스
양말

socks   socks   socks   socks   socks

shoes
[ʃuːz] 슈－즈
신발

shoes   shoes   shoes   shoes

Feeling Ⅰ 감정

◈ 그림을 보며 단어를 익힌 후, 빈칸에 단어를 따라 써 보세요. 🎧 01

happy
[hǽpi] 해피
행복한

happy　happy　happy　happy

sad
[sæd] 새드
슬픈

sad　sad　sad　sad　sad

glad
[glæd] 글래드
기쁜, 즐거운,
반가운

glad　glad　glad　glad　glad

angry
[ǽŋgri] 앵그리
화가 난, 성난

angry　angry　angry　angry

bored
[bɔːrd] 보-드
지루한

bored　bored　bored　bored

excited
[iksáitid] 익사이티드
신나는, 들뜬, 흥분한

excited   excited   excited   excited

sorry
[sɑ́ri] 싸리
미안한

sorry   sorry   sorry   sorry   sorry

thank
[θæŋk] 쌩크
~에게 감사하다

thank   thank   thank   thank

love
[lʌv] 러브
사랑하다

love   love   love   love   love

hate
[heit] 헤이트
몹시 싫어하다,
미워하다

hate   hate   hate   hate   hate

93

School I 학교

◈ 그림을 보며 단어를 익힌 후, 빈칸에 단어를 따라 써 보세요. 01

class

class class class class class

class
[klæs] 클래스
학급, 반

computer

computer computer computer

computer
[kəmpjúːtər] 컴퓨-터
컴퓨터

teacher

teacher teacher teacher teacher

teacher
[tíːtʃər] 티-처
교사, 선생

student

student student student student

student
[stjúːdənt] 스튜-던트
학생

friend

friend friend friend friend friend

friend
[frend] 프렌드
친구

blackboard
[blǽkbɔ̀:rd] 블랙보―드
칠판

blackboard · blackboard · blackboard

chalk
[tʃɔ:k] 초―크
분필

chalk · chalk · chalk · chalk · chalk

desk
[desk] 데스크
책상

desk · desk · desk · desk · desk

chair
[tʃɛər] 체어
의자

chair · chair · chair · chair · chair

absent
[ǽbsənt] 앱선트
결석한

absent · absent · absent · absent

95

School supplies 학용품

◈ 그림을 보며 단어를 익힌 후, 빈칸에 단어를 따라 써 보세요. 🎧 01

bag
[bæg] 백
가방

bag　bag　bag　bag　bag　bag

pencil
[pénsl] 펜슬
연필

pencil　pencil　pencil　pencil

book
[buk] 북
책

book　book　book　book　book

textbook
[tékstbùk] 텍스트북
교과서

textbook　textbook　textbook

paper
[péipər] 페이퍼
종이

paper　paper　paper　paper　paper

eraser
[iréisər] 이레이서
지우개

eraser　　eraser　　eraser　　eraser

ruler
[rúːlər] 룰—러
자

ruler　　ruler　　ruler　　ruler　　ruler

cutter
[kʌtər] 커터
칼

cutter　　cutter　　cutter　　cutter

scissors
[sízərz] 시저즈
가위

scissors　　scissors　　scissors

glue
[gluː] 글루—
풀, 접착제

glue　　glue　　glue　　glue　　glue

day **19**

1-2 학년

Nature

자연

◈ 그림을 보며 단어를 익힌 후, 빈칸에 단어를 따라 써 보세요. 01

sun
[sʌn] 썬
해양, 해

sun   sun   sun   sun   sun   sun

moon
[muːn] 문-
달

moon   moon   moon   moon   moon

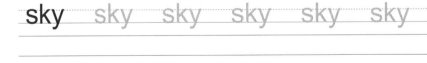

star
[stɑːr] 스타-
별

star   star   star   star   star   star

sky
[skai] 스카이
하늘

sky   sky   sky   sky   sky   sky

mountain
[máuntən] 마운틴
산

mountain   mountain   mountain

land
[lænd] 랜드
땅, 육지

land　land　land　land　land　land

tree
[tri:] 트리–
나무

tree　tree　tree　tree　tree　tree

river
[rívər] 리버
강

river　river　river　river　river　river

lake
[leik] 레이크
호수

lake　lake　lake　lake　lake　lake

sea
[si:] 씨–
바다

sea　sea　sea　sea　sea　sea

Weather 날씨

◈ 그림을 보며 단어를 익힌 후, 빈칸에 단어를 따라 써 보세요. 🎧 01

sunny
sunny sunny sunny

sunny
[sʌ́ni] 써니
맑은, 화창한

cloudy
cloudy cloudy cloudy

cloudy
[kláudi] 클라우디
흐린, 구름이 많은

foggy
foggy foggy foggy foggy

foggy
[fɔ́:gi] 포―기
안개가 낀

windy
windy windy windy windy

windy
[wíndi] 윈디
바람이 부는,
바람이 센

rainy
rainy rainy rainy rainy

rainy
[réini] 레이니
비가 오는

snowy
[snóui] 스노위
눈이 내리는

snowy

snowy　snowy　snowy

storm
[stɔːrm] 스토ー口
폭풍, 폭풍우

storm
storm　storm　storm　storm

lightning
[láitniŋ] 라이트닝
번개

lightning
lightning　lightning

thunder
[θʌ́ndəːr] 선더ー
천둥

thunder
thunder　thunder　thunder

rainbow
[réinbòu] 레인보우
무지개

rainbow
rainbow　rainbow　rainbow

◈ 그림을 보며 단어를 익힌 후, 빈칸에 단어를 따라 써 보세요. 🎧 01

cook | cook cook cook cook

cook
[kuk] 쿡
요리사

doctor | doctor doctor doctor

doctor
[dάktər] 닥터
의사

nurse | nurse nurse nurse nurse

nurse
[nəːrs] 너-스
간호사

scientist | scientist scientist

scientist
[sάiəntist] 사이언티스트
과학자

farmer | farmer farmer farmer

farmer
[fάːrmə] 파-머
농부

police officer
[pəlíːs ɔ́ːfisər]
폴리-스오-피서
경찰관

police officer   police officer

writer
[ráitər] 라이터
작가

writer   writer   writer   writer   writer

artist
[ɑ́ːrtist] 아-티스트
예술가, 화가

artist   artist   artist   artist   artist

musician
[mjuːzíʃən] 뮤-지션
음악가

musician   musician   musician

model
[mɑ́dl] 마들
모델

model   model   model   model

Sport
스포츠, 운동

◈ 그림을 보며 단어를 익힌 후, 빈칸에 단어를 따라 써 보세요. 🎧 01

baseball   baseball   baseball

baseball
[béisbɔ̀ːl] 베이스보-ㄹ
야구

soccer   soccer   soccer   soccer

soccer
[sάkər] 싸커
축구

volleyball   volleyball   volleyball

volleyball
[válibɔ̀ːl] 발리볼-
배구

basketball   basketball   basketball

basketball
[bǽskitbɔ̀ːl] 배스킷보-ㄹ
농구

table tennis   table tennis

table tennis
[téibl ténis] 테이블 테니스
탁구

tennis

[ténis] 테니스
테니스

tennis   tennis   tennis   tennis

boxing

[báksiŋ] 박싱
권투, 복싱

boxing   boxing   boxing   boxing

inline skate

[ìnláin skeit]
인라인스케이트
인라인스케이트

inline skate   inline skate

skate

[skeit] 스케이트
스케이트를 타다

skate   skate   skate   skate   skate

ski

[ski:] 스키-
스키를 타다

ski   ski   ski   ski   ski   ski   ski

◇ 그림을 보며 단어를 익힌 후, 빈칸에 단어를 따라 써 보세요. 🎧 01

road
[roud] 로우드
도로, 길

road road road road road road

bicycle
[báisikəl] 바이시클
자전거

bicycle bicycle bicycle bicycle

motorcycle
[móutərsàikl]
모우터싸이클
오토바이

motorcycle motorcycle motorcycle

car
[kɑ:r] 카-
차, 자동차

car car car car car car

bus
[bʌs] 버스
버스

bus bus bus bus bus bus

truck
[trʌk] 트럭
트럭, 화물차

truck  truck truck truck truck

subway
[sʌ́bwèi] 섭웨이
지하철

subway subway subway subway

ship
[ʃíp] 쉽
배, 여객선

ship ship ship ship ship ship

train
[trein] 트레인
기차, 열차

train  train train train train train

airplane
[ɛ́ərplèin] 에어플레인
비행기

airplane airplane airplane

◆ 그림을 보며 단어를 익힌 후, 빈칸에 단어를 따라 써 보세요. 🎧 01

house
[haus] 하우스
집

__house__ house house house

roof
[ruːf] 루-프
지붕

roof roof roof roof roof roof

door
[dɔːr] 도-
문

door door door door door door

window
[wíndou] 윈도우
창문

window window window window

room
[ruːm] 룸-
방

room room room room room

living room
[lívìŋrùːm] 리빙룸-
거실

living room  living room living room

bedroom
[bédrùːm] 베드룸-
침실

bedroom  bedroom bedroom

bathroom
[bǽθrùːm] 배쓰룸-
욕실

bathroom bathroom bathroom

kitchen
[kítʃən] 키친
부엌

kitchen kitchen kitchen kitchen

elevator
[éləvèitər] 엘러베이터
승강기, 엘리베이터

elevator elevator elevator

Living room 거실

◈ 그림을 보며 단어를 익힌 후, 빈칸에 단어를 따라 써 보세요. 01

curtain
[kə́ːrtn] 커-튼
커튼

curtain　curtain　curtain　curtain

sofa
[sóufə] 쏘우퍼
소파

sofa　sofa　sofa　sofa　sofa

table
[téibl] 테이블
탁자, 테이블

table　table　table　table

newspaper
[nuˈzpeiˌpər]
뉴즈페이퍼
신문

newspaper　newspaper　newspaper

radio
[réidiòu] 레이디오우
라디오

radio　radio　radio　radio

television television television

television
[télvìʒən] 텔러비전
텔레비전

telephone telephone telephone

telephone
[téləfòun] 텔러포운
전화기, 전화

picture picture picture picture

picture
[píktʃər] 픽쳐
그림, 사진

clock clock clock clock clock

clock
[klɑk] 클락
시계

floor floor floor floor floor floor

floor
[flɔːr] 플로-어
바닥, 마루

Bedroom 침실

◈ 그림을 보며 단어를 익힌 후, 빈칸에 단어를 따라 써 보세요.   01

bed
[bed] 베드
침대

bed bed bed bed bed bed

pillow
[pílou] 필로우
베개

pillow pillow pillow pillow pillow

blanket
[blǽŋkit] 블랭킨
담요

blanket blanket blanket blanket

lamp
[læmp] 램프
램프, 조명

lamp lamp lamp lamp lamp

closet
[klázit] 클라짓
옷장

closet closet closet closet closet

drawer
[drɔ́:ər] 드로-어
서랍

drawer drawer drawer drawer

carpet
[kɑ́:rpit] 카-핏
카펫, 양탄자

carpet carpet carpet carpet

slipper
[slípər] 슬리퍼
실내화

slipper slipper slipper slipper

photo
[fóutou] 포우토우
사진

photo photo photo photo photo

fan
[fæn] 팬
선풍기

fan fan fan fan fan fan fan

day 27 1–2학년 # Bathroom 욕실

◈ 그림을 보며 단어를 익힌 후, 빈칸에 단어를 따라 써 보세요. 01

mirror

mirror   mirror   mirror   mirror

mirror
[mírər] 미러
거울

soap

soap   soap   soap   soap

soap
[soup] 쏘웁
비누

shampoo

shampoo   shampoo

shampoo
[ʃæmpúː] 섐푸–
샴푸

comb

comb   comb   comb   comb

comb
[koum] 콤
빗, 빗다

toothbrush

toothbrush   toothbrush

toothbrush
[túːθbrʌʃ]
투–스브러쉬
칫솔

toothpaste
[túːθpèist]
투-스페이스트
치약

toothpaste toothpaste toothpaste

bathtub
[bǽθtʌb] 배스텁
욕조

bathtub  bathtub bathtub bathtub

toilet
[tɔ́ilit] 토일릿
변기

toilet toilet toilet toilet toilet

shower
[ʃáuər] 샤워
샤워, 샤워기

shower shower shower shower

towel
[táuəl] 타월
수건, 타월

towel towel towel towel towel

Kitchen   부엌

◈ 그림을 보며 단어를 익힌 후, 빈칸에 단어를 따라 써 보세요. 🎧 01

spoon   spoon   spoon   spoon

spoon
[spuːn] 스푸-ㄴ
숟가락, 스푼

fork   fork   fork   fork   fork   fork

fork
[foːrk] 포-크
포크

knife   knife   knife   knife   knife

knife
[naif] 나이프
칼, 나이프

chopsticks   chopsticks   chopsticks

chopsticks
[tʃápstiks] 찹스틱스
젓가락

plate   plate   plate   plate   plate

plate
[pleit] 플레이트
접시, 요리

cup
[kʌp] 컵
컵, 찻잔

cup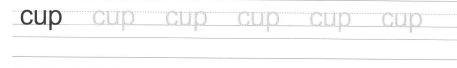

kettle
[kétl] 케틀
주전자

kettle

stove
[stouv] 스토우브
난로, 스토브

stove

sink
[siŋk] 싱크
싱크대

sink

refrigerator
[rifrídʒərèitəːr]
리프리저레이터
냉장고

refrigerator

Thing l 　물건

◈ 그림을 보며 단어를 익힌 후, 빈칸에 단어를 따라 써 보세요. 🎧 01

ball
[bɔːl] 볼-
공

ball　ball　ball　ball　ball　ball

doll
[dɑl] 달
인형

doll　doll　doll　doll　doll　doll

toy
[tɔi] 토이
장난감, 완구

toy　toy　toy　toy　toy　toy

box
[baks] 박스
박스, 박스

box　box　box　box　box　box

ribbon
[ríbən] 리번
리본, 띠

ribbon　ribbon　ribbon　ribbon

umbrella
[ʌmbrélə]
엄브렐러
우산

umbrella　umbrella　umbrella

key
[ki:] 키–
열쇠, 키

key　key　key　key　key　key

vase
[veis] 베이스
꽃병, 병

vase　vase　vase　vase　vase

glasses
[glǽsiz] 글래시즈
안경

glasses　glasses　glasses　glasses

ring
[riŋ] 링
반지, 고리

ring　ring　ring　ring　ring　ring

1~2 학년

Act 1   행동

◆ 그림을 보며 단어를 익힌 후, 빈칸에 단어를 따라 써 보세요. 01

go
[gou] 고우
가다

go   go   go   go   go   go   go

come
[kʌm] 컴
오다

come   come   come   come   come

meet
[miːt] 미―트
만나다

meet   meet   meet   meet   meet

stop
[stɑːp] 스타―ㅂ
멈추다,
중지하다

stop   stop   stop   stop   stop

stand
[stænd] 스탠드
서다, 서 있다

stand   stand   stand   stand

sit
[sit] 씨트
앉다

sit sit sit sit sit sit sit

open
[óupən] 오우펀
열다

open open open open open

close
[klouz] 클로우즈
닫다

close close close close close

like
[laik] 라이크
~을 좋아하다

like like like like like like

have
[hæv] 해브
가지다, 먹다

have have have have have

2 재미있는 영단어 게임

A 대문자에 맞는 소문자, 소문자에 맞는 대문자를 써 보세요.

❶ N ❷ o ❸ P ❹ Q

❺ R ❻ S ❼ T

B 빈 칸에 들어갈 알맞은 알파벳 글자를 써 보세요.

❶ 오트밀

☐ a t m e ☐ l

❷ 피망

☐ e p p e r

❸ 양

☐ h e e p

❹ 토마토

☐ o m ☐ t o

C 다음 그림을 보고 빈칸과 단어를 올바르게 연결하세요.

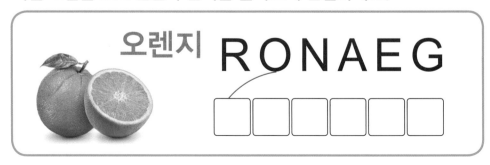

오렌지 R O N A E G

☐ ☐ ☐ ☐ ☐ ☐

초등 필수
3-4 학년
〈교육부 지정〉

Part 2

Family II

가족

◈ 그림을 보며 단어를 익힌 후, 빈칸에 단어를 따라 써 보세요. 🎧 01

husband
[hʌ́zbənd] 허즈번드
남편

husband　　husband　　husband

wife
[waif] 와이프
아내

wife　wife　wife　wife　wife

son
[sʌn] 썬
아들

son　son　son　son　son

daughter
[dɔ́ːtər] 도ー터
딸

daughter　　daughter

uncle
[ʌ́ŋkl] 엉클
삼촌

uncle　uncle　uncle　uncle

aunt
[ænt] 앤트
고모, 이모, 숙모

aunt aunt aunt aunt aunt aunt

cousin
[kʌ́zn] 커즌
사촌

cousin

nephew
[néfjuː] 네퓨-
조카(남자)

nephew nephew nephew nephew

niece
[niːs] 니-스
조카(여자)

niece niece niece niece niece

live
[liv] 리브
살다

live live live live live live

People 사람들

◆ 그림을 보며 단어를 익힌 후, 빈칸에 단어를 따라 써 보세요. 01

baby baby baby baby baby

baby
[béibi] 베이비
아기

child child child child child

child
[tʃaild] 차일드
어린이

boy boy boy boy boy boy

boy
[bɔi] 보이
소년

girl girl girl girl girl girl girl

girl
[gəːrl] 거–얼
소녀

man man man man man man

man
[mæn] 맨
남자

woman
[wúmən] 우먼
여자

woman  woman   woman   woman

gentleman
[dʒéntlmən] 젠틀먼
신사

gentleman   gentleman   gentleman

lady
[léidi] 레이디
숙녀

lady   lady   lady   lady   lady   lady

person
[pə́:rsn] 퍼-슨
사람

person   person   person   person

people
[pí:pl] 피-플
사람들

people   people   people   people

day **33**

Number 11 　숫자

◈ 그림을 보며 단어를 익힌 후, 빈칸에 단어를 따라 써 보세요. 🎧 01

eleven
[ilévən] 일레븐
열하나

eleven　eleven　eleven　eleven

twelve
[twelv] 트웰브
열둘

twelve　twelve　twelve　twelve

thirteen
[θə́ːrtíːn] 서-틴-
열셋

thirteen　thirteen　thirteen　thirteen

fourteen
[fɔ́ːrtíːn] 포-틴-
열넷

fourteen　fourteen　fourteen

fifteen
[fíftíːn] 피프틴-
열다섯

fifteen　fifteen　fifteen　fifteen

sixteen

sixteen

[síkstíːn] 식스틴-

열여섯

sixteen   sixteen   sixteen

seventeen

seventeen

[sév-əntíːn] 세븐틴-

열일곱

seventeen   seventeen

eighteen

eighteen

[éitíːn] 에이틴-

열여덟

eighteen   eighteen

nineteen

nineteen

[náintíːn] 나인틴-

열아홉

nineteen   nineteen

twenty

twenty

[twénti] 트웬티

스물

twenty   twenty   twenty

day 34

Feeling II 감정

◈ 그림을 보며 단어를 익힌 후, 빈칸에 단어를 따라 써 보세요. 🎧 01

great
[greit] 그레이트
큰, 거대한, 기쁜

great great great great great

bad
[bæd] 배드
불쾌한, 나쁜

bad bad bad bad bad

scared
[skɛəːrd] 스케어-드
겁이 난, 무서운

scared scared scared scared

worry
[wə́ːri] 워-리
걱정하다

worry worry worry worry

need
[niːd] 니-드
~을 필요로 하다

need need need need

joyful
[dʒɔ́ifəl] 죠이플
즐거운

joyful   joyful   joyful   joyful   joyful

upset
[ʌpsét] 업셋
화가 난

upset   upset   upset   upset   upset

thirsty
[θə́ːrsti] 써-스티
목이 마른

thirsty   thirsty   thirsty   thirsty   thirsty

hungry
[hʌ́ŋgri] 헝그리
배고픈

hungry   hungry   hungry   hungry

tired
[taiərd] 타이어드
피곤한

tired   tired   tired   tired   tired

School II   학교

◈ 그림을 보며 단어를 익힌 후, 빈칸에 단어를 따라 써 보세요. 🎧 01

classroom classroom classroom

classroom
[klǽsrùːm] 클래스룸-
교실

classmate classmate classmate

classmate
[klǽsmèit] 클래스메이트
반친구, 급우

lesson lesson lesson lesson

lesson
[lésn] 레슨
수업, 과목

homework homework homework

homework
[hóumwə̀ːrk] 호움워-크
숙제

test test test test test test

test
[test] 테스트
시험

study
[stʌ́di] 스터디
공부하다

study　study　study　study　study

teach
[tiːtʃ] 티-취
~을 가르치다

teach　teach　teach　teach　teach

learn
[ləːrn] 런-
~을 배우다

learn　learn　learn　learn　learn

read
[riːd] 리-드
~을 읽다

read　read　read　read　read

write
[rait] 라이트
~을 쓰다

write　write　write　write

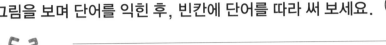

Subject 과목

◈ 그림을 보며 단어를 익힌 후, 빈칸에 단어를 따라 써 보세요. 🎧 01

Korean Korean Korean Korean

Korean
[kərí:ən] 커리-언
국어, 한국어

math math math math math

math
[mæθ] 매스
수학

English English English English

English
[íŋgliʃi] 잉글리쉬
영어

science science science science

science
[sáiəns] 사이언스
과학

art art art art art art art

art
[ɑːrt] 아-트
미술, 예술

music

music music music music

music
[mjúːzik] 뮤-직
음악

history

history history history

history
[hístəri] 히스터리
역사

geography

geography geography

geography
[dʒiágrəfi] 쥐아그러피
지리

sport

sport sport sport sport

sport
[spɔːrt] 스포-트
스포츠, 운동

health

health health health

health
[helə] 헬쓰
보건, 건강

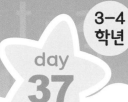
Math 수학

◈ 그림을 보며 단어를 익힌 후, 빈칸에 단어를 따라 써 보세요. 01

number
[nʌ́mbər] 넘버
번호, 수

number   number   number   number

plus
[plʌs] 플러스
더하여

plus   plus   plus   plus

minus
[máinəs] 마이너스
~을 뺀

minus   minus   minus

once
[wʌns] 원스
한 번

once   once   once   once

twice
[twais] 트와이스
두 번

twice   twice   twice   twice

zero zero zero zero zero zero

zero
[zí-ərou] 지어로우
영, 0

hundred hundred hundred

hundred
[hʌ́ndrəd] 헌드러드
백, 100

thousand thousand thousand

thousand
[θáuz-ənd] 사우전드
천, 1000

some some some some some

some
[sʌ́m] 썸
약간의

a lot of a lot of a lot of a lot of

a lot of
[ə laːt ʌv]
어 라－트 오브
많은

Science 과학

◆ 그림을 보며 단어를 익힌 후, 빈칸에 단어를 따라 써 보세요. 01

rocket
[rɔ́kit] 로킽
로켓

rocket   rocket   rocket   rocket

robot
[róubət] 로우벋
로봇

robot   robot   robot   robot

graph
[græf] 그래프
그래프

graph   graph   graph   graph

plant
[plænt] 플랜트
식물

plant   plant   plant   plant

laboratory
[lǽbərətɔ̀ːri]
래버러토-리
실험실

laboratory   laboratory

insect
[ínsekt] 인섹트
곤충, 벌레

insect　insect　insect　insect　insect

earth
[əːrθ] 어-쓰
지구

earth　earth　earth　earth　earth

air
[ɛər] 에어
공기, 대기

air　air　air　air　air　air　air

stone
[stoun] 스토운
돌

stone　stone　stone　stone　stone

fire
[faiər] 파이어
불

fire　fire　fire　fire　fire　fire

3-4 학년

day 39

Art   미술

◈ 그림을 보며 단어를 익힌 후, 빈칸에 단어를 따라 써 보세요. 🎧 01

color
[kʌ́lər] 컬러
색, 색깔

color color color color color

brush
[brʌʃ] 브러시
붓

brush brush brush brush brush

line
[lain] 라인
선, 줄

line line line line line line line

circle
[sə́ːrkl] 서-클
동그라미, 원

circle circle circle circle circle

triangle
[tráiæŋgl]
트라이앵글
삼각형

triangle triangle triangle triangle

square
[skwɛər] 스퀘어
정사각형, 사각

square square square square

draw
[drɔ:] 드로-
~을 그리다

draw draw draw draw

paint
[peint] 페인트
색칠하다,
페인트칠하다

paint paint paint paint

make
[meik] 메이크
~을 만들다

make make make make

cut
[kʌt] 커트
~을 자르다

cut cut cut cut cut cut

day 40 3-4 학년

Music 음악

◈ 그림을 보며 단어를 익힌 후, 빈칸에 단어를 따라 써 보세요. 🎧 01

piano
[piǽnou] 피애노우
피아노

piano　piano　piano　piano　piano

guitar
[gitáːr] 기타-
기타(악기)

guitar　guitar　guitar　guitar　guitar

drum
[drʌm] 드럼
드럼

drum　drum　drum　drum　drum

violin
[vàiəlín] 바이얼린
바이올린

violin　violin　violin　violin　violin

cello
[tʃélou] 첼로우
첼로

cello　cello　cello　cello　cello

flute
[fluːt] 플루-트
플루트

flute　flute　flute　flute　flute

trumpet
[trʌ́mpit] 트럼핏
트럼펫

trumpet　trumpet　trumpet

play
[plei] 플레이
연주하다

play　play　play　play　play

sing
[siŋ] 싱
노래하다

sing　sing　sing　sing　sing

listen
[lísn] 리슨
~을 듣다

listen　listen　listen　listen

day 41 Hobby 취미

◇ 그림을 보며 단어를 익힌 후, 빈칸에 단어를 따라 써 보세요. 🎧 01

favorite
[féivərit] 페이버릳
가장 좋아하는

favorite · favorite · favorite · favorite

hobby
[hábi] 하비
취미

hobby · hobby · hobby · hobby

cooking
[kúkin] 쿠킹
요리

cooking · cooking · cooking · cooking

movie
[mú:vi] 무-비
영화

movie · movie · movie · movie

dance
[dæns] 댄스
춤, 춤추다

dance · dance · dance · dance

camera
[kǽmərə] 캐머러
사진기, 카메라

camera  camera camera camera

kite
[kait] 카이트
연

kite  kite kite kite kite kite kite

badminton
[bǽdmintən]
배드민턴
배드민턴

badminton  badminton badminton

jogging
[dʒágin] 자깅
조깅, 달리기

jogging  jogging jogging jogging

travel
[trǽvl] 트래블
여행,
여행하다

travel travel travel travel travel

Meal 식사

◈ 그림을 보며 단어를 익힌 후, 빈칸에 단어를 따라 써 보세요. 01

breakfast
[brékfəst] 브렉퍼스트
아침 식사

breakfast   breakfast   breakfast

lunch
[lʌntʃ] 런취
점심 식사

lunch   lunch   lunch   lunch   lunch

dinner
[dínər] 디너
저녁 식사

dinner   dinner   dinner   dinner

egg
[eg] 에그
달걀, 알

egg   egg   egg   egg   egg   egg

salad
[sǽləd] 샐러드
샐러드

salad   salad   salad   salad

delicious   delicious   delicious

delicious
[dilíʃəs] 딜리셔스
맛있는

sweet   sweet   sweet   sweet

sweet
[swiːt] 스위-트
달콤한

bitter   bitter   bitter   bitter   bitter

bitter
[bítər] 비터
쓴

drink   drink   drink   drink   drink

drink
[driŋk] 드링크
~을 마시다

eat   eat   eat   eat   eat   eat

eat
[iːt] 이-트
~을 먹다

Thing II 물건

◈ 그림을 보며 단어를 익힌 후, 빈칸에 단어를 따라 써 보세요. 🎧 01

can
[kæn] 캔
깡통, 캔

can   can   can   can   can   can

board
[bɔːrd] 보-드
널빤지, 판자

board   board   board   board

piece
[piːs] 피-스
조각, 부분

piece   piece   piece   piece

glove
[glʌv] 글러브
장갑

glove   glove   glove   glove

bat
[bæt] 밷
방망이, 배트

bat   bat   bat   bat   bat

album
[ǽlbəm] 앨범
앨범, 사진첩

album   album   album   album

crayon
[kréiən] 크레이언
크레용

crayon   crayon   crayon   crayon

candy
[kǽndi] 캔디
사탕

candy   candy   candy   candy

plastic
[plǽstik] 플래스틱
플라스틱, 비닐의

plastic   plastic   plastic   plastic

block
[blɑk] 블락
덩어리, 블록

block   block   block   block

day 44

3-4 학년

Flower 꽃

◈ 그림을 보며 단어를 익힌 후, 빈칸에 단어를 따라 써 보세요. 🎧 01

root
root root root root root

root
[ru:t] 루-트
뿌리

seed
seed seed seed seed

seed
[si:d] 시-드
씨앗

stem
stem stem stem stem

stem
[stem] 스템
(식물의) 줄기

leaf
leaf leaf leaf leaf leaf

leaf
[li:f] 리-프
나뭇잎

flower
flower flower flower

flower
[fláuər] 플라워
꽃

sunflower

[sʌ́nflàuər] 선플라워
해바라기

sunflower   sunflower   sunflower

rose

[rouz] 로우즈
장미

rose   rose   rose   rose   rose

tulip

[tjúːlip] 튤–립
튤립

tulip   tulip   tulip   tulip

lily

[líli] 릴리
백합

lily   lily   lily   lily   lily   lily

grow

[grou] 그로우
성장하다, 자라다

grow   grow   grow   grow

Zoo 동물원

◈ 그림을 보며 단어를 익힌 후, 빈칸에 단어를 따라 써 보세요. 🎧 01

giraffe giraffe giraffe giraffe

giraffe
[dʒəǽf] 쥐래프
기린

kangaroo kangaroo kangaroo

kangaroo
[kæŋɡərúː] 캥거루-
캥거루

cheetah cheetah cheetah

cheetah
[tʃíːtə] 취-터
치타

iguana iguana iguana iguana

iguana
[iɡwáːnə] 이그와-너
이구아나

deer deer deer deer deer deer

deer
[diər] 디어
사슴

camel
[kǽməl] 캐멀
낙타

camel    camel   camel   camel

panda
[pǽndə] 팬더
판다

panda   panda   panda   panda

owl
[aul] 아울
올빼미, 부엉이

owl   owl   owl   owl   owl   owl

ostrich
[ɔ́(:)stritʃ]
오-스트리치
타조

ostrich    ostrich   ostrich   ostrich

penguin
[péŋgwin] 펭귄
펭귄

penguin   penguin   penguin

Sea animal 바다동물

◈ 그림을 보며 단어를 익힌 후, 빈칸에 단어를 따라 써 보세요. 🎧 01

whale whale whale whale whale

whale
[weil] 웨일
고래

shark shark shark shark shark

shark
[ʃɑːrk] 샤-크
상어

dolphin dolphin dolphin dolphin

dolphin
[dɑ́lfin] 달핀
돌고래

seal seal seal seal seal seal

seal
[siːl] 실-
물개, 바다표범

squid squid squid squid squid

squid
[skwid] 스퀴드
오징어

octopus
[ɑ́ktəpəs] 악터퍼스
문어

octopus   octopus   octopus   octopus

crab
[kræb] 크랩
게

crab   crab   crab   crab   crab

lobster
[lɑ́bstər] 랍스터
바닷가재

lobster   lobster   lobster   lobster

shrimp
[ʃrimp] 쉬림프
새우

shrimp   shrimp   shrimp   shrimp

starfish
[stɑ́ːrfiʃ] 스타-피쉬
불가사리

starfish   starfish   starfish   starfish

Insect 　곤충

◇ 그림을 보며 단어를 익힌 후, 빈칸에 단어를 따라 써 보세요. 🎧 01

butterfly 　butterfly 　　butterfly

butterfly
[bʌ́tərflài] 버터플라이
나비

bee 　bee 　bee 　bee 　bee 　bee

bee
[bi:] 비-
벌

dragonfly 　dragonfly 　　dragonfly

dragonfly
[drǽgənflài]
드래건플라이
잠자리

beetle 　beetle 　beetle 　beetle

beetle
[bíːtl] 비-틀
딱정벌레

ladybug 　ladybug 　ladybug 　ladybug

ladybug
[léidi bʌg] 레이디버그
무당벌레

ant
[ænt] 앤트
개미

ant　ant　ant　ant　ant　ant　ant

grasshopper
[græs-hàpər]
그래스하퍼
메뚜기

grasshopper　grasshopper

fly
[flai] 플라이
파리

fly　fly　fly　fly　fly　fly　fly

mosquito
[məskíːtou]
모스키-토우
모기

mosquito　mosquito　mosquito

spider
[spáidər] 스파이더
거미

spider　spider　spider　spider

Job II 직업

◈ 그림을 보며 단어를 익힌 후, 빈칸에 단어를 따라 써 보세요. 🎧 01

president
[prézidənt]
프레지던트
대통령

president   president   president

astronaut
[ǽstrənɔ̀ːt]
애스트러노-트
우주비행사

astronaut   astronaut   astronaut

singer
[síŋər] 씽어
가수

singer   singer   singer

dancer
[dǽnsər] 댄서
무용가

dancer   dancer   dancer

firefighter
[fáiər fáitər]
파이어파이터
소방관

firefighter   firefighter   firefighter

reporter
[ripɔ́ːrtər] 리포-터
기자, 리포터

reporter reporter reporter reporter

businessman
[bíznismæn] 비즈니스맨
사업가

businessman businessman

driver
[dráivər] 드라이버
운전사

driver driver driver driver driver

actor
[ǽktər] 액터
배우

actor actor actor actor actor

lawyer
[lɔ́ːjəːr] 로-이어-
변호사

lawyer lawyer lawyer lawyer

Tìme I 시간

◈ 그림을 보며 단어를 익힌 후, 빈칸에 단어를 따라 써 보세요. 01

calendar
[kǽlindər] 캘린더
달력

calendar ~~calendar~~ ~~calendar~~

date
[deit] 데이트
날짜

date ~~date~~ ~~date~~ ~~date~~ ~~date~~

second
[sék-ənd] 세컨드
초

second ~~second~~ ~~second~~ ~~second~~

minute
[mínit] 미닛
분

minute ~~minute~~ ~~minute~~ ~~minute~~

hour
[áuər] 아우어
시간

hour ~~hour~~ ~~hour~~ ~~hour~~ ~~hour~~ ~~hour~~

day
[dei] 데이
날, 하루, 낮

day

week
[wiːk] 위-크
주

week week week week week

month
[mʌnθ] 먼스
달, 월

month month month month

season
[síːzn] 씨-즌
계절

season season season season

year
[jiəːr] 이어-
년

year year year year year year

Week 주

◈ 그림을 보며 단어를 익힌 후, 빈칸에 단어를 따라 써 보세요. 🎧 01

Monday Monday Monday

Monday
[mʌ́ndi] 먼디
월요일

Tuesday Tuesday Tuesday

Tuesday
[tjúːzdi] 튜-즈디
화요일

Wednesday Wednesday

Wednesday
[wénzdi] 웬즈디
수요일

Thursday Thursday Thursday

Thursday
[θə́ːrzdi, -di] 서-스디
목요일

Friday Friday Friday Friday

Friday
[fráidi] 프라이디
금요일

Saturday
[sǽtərdi] 세터-디
토요일

Saturday Saturday Saturday

Sunday
[sʌ́ndi] 선디
일요일

Sunday Sunday Sunday Sunday

weekend
[wíːkènd] 위-켄드
주말

weekend weekend weekend

work
[wəːrk] 웍-ㅋ
일하다

work work work work work

rest
[rest] 레스트
휴식, 쉬다

rest rest rest rest rest rest

Month 달, 월

◆ 그림을 보며 단어를 익힌 후, 빈칸에 단어를 따라 써 보세요. 🎧 01

January
January   January   January

January
[dʒǽnjuèri] 제뉴에리
1월

February
February   February

February
[fébruèri] 페브루어리
2월

March
March   March   March

March
[mɑ:rtʃ] 마-치
3월

April
April   April   April   April

April
[éiprəl] 에이프럴
4월

May
May   May   May   May

May
[mei] 메이
5월

June
June   June   June   June

June
[dʒu:n] 준-
6월

July
[dʒuːlái] 줄-라이
7월

July   July   July   July   July   July

August
[ɔ́ːgəst] 어-거스트
8월

August   August   August   August

September
[səptémbər] 셉템버
9월

September   September   September

October
[ɑktóubər] 악토우버
10월

October   October   October

November
[nouvémbəːr]
노우벰버-
11월

November   November   November

December
[disémbər] 디셈버
12월

December   December   December

Season 계절

◈ 그림을 보며 단어를 익힌 후, 빈칸에 단어를 따라 써 보세요.   01

spring
[spriŋ] 스프링
봄

spring   spring   spring   spring

summer
[sʌ́mər] 써머
여름

summer   summer   summer

autumn
[ɔ́ːtəm] 오-텀
가을

autumn   autumn   autumn   autumn

winter
[wíntər] 윈터
겨울

winter   winter   winter   winter

holiday
[hálədèi] 할러데이
휴가, 공휴일

holiday　holiday　holiday　holiday

vacation
[veikéiʃən] 베이케이션
방학, 휴가

vacation　vacation　vacation

fine dust
[fain dʌst]
파인 더스트
미세먼지

fine dust　fine dust　fine dust

freeze
[fríːz] 프리-즈
얼다

freeze　freeze　freeze　freeze

day
53

Location　위치

◈ 그림을 보며 단어를 익힌 후, 빈칸에 단어를 따라 써 보세요. 🎧 01

in front of
[in frʌnt ʌv]
인 프런트 오브
~의 앞에

in front of　in front of　in front of

behind
[biháínd] 비하인드
~의 뒤에

behind　behind　behind　behind

top
[tap] 탑
꼭대기

top　top　top　top　top　top　top

next to
[nekst tu] 넥스트 투
~의 옆에

next to　next to　next to　next to

middle
[mídl] 미들
중간, 한가운데

middle　middle　middle　middle

bottom　bottom　bottom　bottom

bottom
[bάtəm] 바텀
밑바닥

corner　corner　corner　corner

corner
[kɔ́ːrnər] 코-너
모퉁이, 구석

end　end　end　end　end　end

end
[end] 엔드
끝, 마지막

here　here　here　here　here

here
[hiər] 히어
이곳, 여기에

there　there　there　there　there

there
[ðέər] 데어
그곳, 거기에

Town 마을

◆ 그림을 보며 단어를 익힌 후, 빈칸에 단어를 따라 써 보세요. 🎧 01

store store store store store

store
[stɔːr] 스토-어
가게, 상점

restaurant restaurant restaurant

restaurant
[réstərənt] 레스터런트
식당, 음식점

bakery bakery bakery bakery

bakery
[béikəri] 베이커리
빵집, 제과점

church church church church

church
[tʃəːrtʃ] 처-취
교회

library library library library

library
[láibrèri] 라이브레리
도서관

hospital
[háspitl] 하스피틀
병원

hospital   hospital   hospital   hospital

drugstore
[drʌ́gstɔ̀ːr]
드럭스토-어
약국

drugstore   drugstore   drugstore

theater
[θíːətər] 씨-어터
극장, 영화관

theater   theater   theater   theater

bank
[bæŋk] 뱅크
은행

bank   bank   bank   bank   bank

post office
[póustɔ̀ːfis]
포우스트 오-피스
우체국

post office   post office   post office

City 도시

◆ 그림을 보며 단어를 익힌 후, 빈칸에 단어를 따라 써 보세요. 01

building building building building

building
[bíldiŋ] 빌딩
건물, 빌딩

pool pool pool pool pool pool

pool
[puːl] 푸-울
수영장

town town town town town

town
[taun] 타운
마을

park park park park park park

park
[pɑːrk] 파-크
공원

company company company

company
[kʌ́mpəni] 컴퍼니
회사

airport
[έərpɔ̀ːrt] 에어포―트
공항, 비행장

airport   airport   airport   airport

factory
[fǽktəri] 팩터리
공장

factory   factory   factory   factory

museum
[mjuːzíːəm] 뮤―지―엄
박물관

museum   museum   museum

zoo
[zuː] 주―
동물원

zoo   zoo   zoo   zoo   zoo   zoo

police station
[pəlíːs stéiʃ-ən]
펄리―스 스테이션
경찰서

police station   police station

Nation 국가

◈ 그림을 보며 단어를 익힌 후, 빈칸에 단어를 따라 써 보세요. 🎧 01

Korea
[kəríːə] 커리-어
한국

Korea   Korea   Korea   Korea

Japan
[dʒəpǽn] 저팬
일본

Japan   Japan   Japan   Japan

China
[tʃáinə] 차이너
중국

China   China   China   China   China

India
[índiə] 인디어
인도

India   India   India   India   India

America
[əmérikə] 어메리커
미국

America   America   America

Germany

Germany   Germany   Germany

Germany
[dʒə́ːrməni]
저-머니
독일

England

England   England   England

England
[íŋglənd] 잉글런드
영국

Italy

Italy Italy Italy Italy Italy

Italy
[ítəli] 이터리
이탈리아

France

France France France

France
[fræns] 프랜스
프랑스

world

world world world world

world
[wəːrld] 월-드
세계

Castle 성

◈ 그림을 보며 단어를 익힌 후, 빈칸에 단어를 따라 써 보세요. 01

kingdom
[kíŋdəm] 킹덤
왕국

kingdom   kingdom   kingdom

king
[kiŋ] 킹
왕

king   king   king   king   king

queen
[kwiːn] 퀴ㄴ
여왕

queen   queen   queen

prince
[prins] 프린스
왕자

prince   prince   prince

princess
[prínsis] 프린시스
공주

princess   princess

flag
[flæg] 플래그
깃발

flag   flag   flag   flag   flag   flag

gate
[geit] 게이트
문

gate   gate   gate   gate   gate   gate

wall
[wɔːl] 월-
벽

wall   wall   wall   wall   wall   wall

stair
[stɛər] 스테어
계단

stair   stair   stair   stair   stair   stair

garden
[gάːrdn] 가-든
정원

garden   garden   garden   garden

Clothes II 옷

◆ 그림을 보며 단어를 익힌 후, 빈칸에 단어를 따라 써 보세요. 🎧 01

cap
[kæp] 캡
모자

cap   cap   cap   cap   cap   cap

belt
[belt] 벨트
허리띠, 벨트

belt   belt   belt   belt   belt   belt

vest
[vest] 베스트
조끼

vest   vest   vest   vest   vest

sweater
[swétər] 스웨터
스웨터

sweater   sweater   sweater

coat
[kout] 코우트
코트

coat   coat   coat   coat   coat

button
[bʌ́tn] 버튼
단추, 버튼

button   button   button   button

pocket
[pɑ́kit] 파킷
주머니

pocket   pocket   pocket   pocket

shorts
[ʃɔːrts] 쇼—츠
반바지

shorts   shorts   shorts   shorts

boots
[buːts] 부—츠
부츠, 장화

boots   boots   boots   boots   boots

wear
[wɛər] 웨어
입다

wear   wear   wear   wear   wear

3~4 학년

Looks 11 모습

◆ 그림을 보며 단어를 익힌 후, 빈칸에 단어를 따라 써 보세요. 01

young   young   young   young

young
[jʌŋ] 영
젊은

old   old   old   old   old   old   old

old
[ould] 오울드
나이 든

weak   weak   weak   weak   weak

weak
[wiːk] 위–크
약한

strong   strong   strong   strong

strong
[strɔːŋ] 스트롱–
튼튼한

hard   hard   hard   hard   hard   hard

hard
[hɑːrd] 하–드
단단한, 어려운

soft  soft soft soft soft soft soft

soft
[sɔːft] 소－프트
부드러운

dirty dirty dirty dirty dirty dirty

dirty
[də́ːrti] 더－티
더러운

clean clean clean clean clean

clean
[kliːn] 클린－
깨끗한

thick thick thick thick thick thick

thick
[θik] 딕
두꺼운

thin  thin thin thin thin thin thin

thin
[θin] 씬
얇은

Act 11 　행동

◇ 그림을 보며 단어를 익힌 후, 빈칸에 단어를 따라 써 보세요. 01

start
[stɑ:rt] 스타-트
시작하다,
시작되다

start start　start　start　start　start

finish
[fíniʃ] 피니쉬
~을 끝내다,
끝마치다

finish finish　finish　finish　finish

move
[mu:v] 무-브
~을 움직이다,
옮기다

move move　move　move　move

continue
[kəntínju:] 컨티뉴-
계속하다

continue continue　　continue

call
[kɔ:l] 콜-
부르다, 전화하다

call call　call　call　call　call　call

walk
[wɔːk] 웍-
걷다, 산책하다

walk   walk   walk   walk   walk   walk

ride
[raid] 라이드
~을 타다

ride   ride   ride   ride   ride   ride

put
[put] 풋
~을 놓다, 두다

put   put   put   put   put   put

fall
[fɔːl] 포-ㄹ
떨어지다, 넘어지다

fall   fall   fall   fall   fall   fall   fall

help
[help] 헬프
~을 돕다

help   help   help   help   help   help

3 재미있는 영단어 게임

A 단어의 첫 알파벳을 대문자와 소문자를 써 보세요.

❶

❷

❸

❹

B 쥐가 치즈를 먹으러 가요. 가는 길에 빠진 알파벳 글자를 쓰세요.

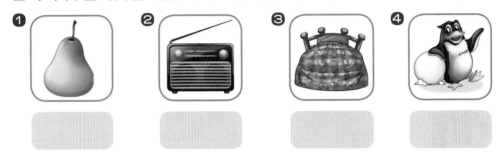

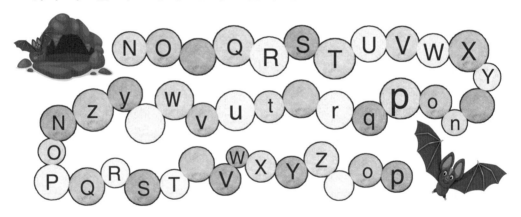

C 다음 그림을 보고 빈칸과 단어를 올바르게 연결하세요.

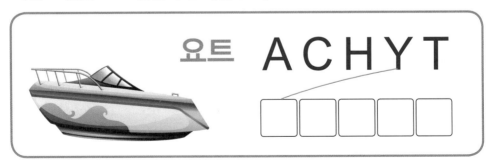

요트 ACHYT

초등 필수
5-6 학년
〈교육부 지정〉

Part 3

Restaurant 식당

◈ 그림을 보며 단어를 익힌 후, 빈칸에 단어를 따라 써 보세요. 01

dish
[diʃ] 디쉬
요리, 접시

dish dish dish dish dish dish

meat
[mi:t] 미-트
고기

meat meat meat meat meat

soup
[su:p] 쑤-프
수프

soup soup soup soup soup

beef
[bi:f] 비-프
소고기

beef beef beef beef beef

chicken
[tʃíkin] 치킨
닭고기, 닭

chicken chicken chicken chicken

sugar

sugar sugar sugar sugar

sugar
[ʃúgər] 슈거
설탕

salt

salt salt salt salt salt

salt
[sɔːlt] 솔-트
소금

pepper

pepper pepper pepper

pepper
[pépər] 페퍼
후추

waiter

waiter waiter waiter

waiter
[wéitər] 웨이터
종업원, 웨이터

pay pay pay pay pay pay

pay
[pei] 페이
지불하다

Market 시장

◈ 그림을 보며 단어를 익힌 후, 빈칸에 단어를 따라 써 보세요. 01

market market market market

market
[máːrkit] 마-킽
시장

shop shop shop shop shop

shop
[ʃɑp] 샵
상점, 가계

item item item item item item

item
[áitəm] 아이텀
물품, 상품

choose choose choose choose

choose
[ʧuːz] 츄-즈
~을 고르다,
선택하다

price price price price price

price
[prais] 프라이스
값, 가격

free
[fri:] 프리-
무료의, 자유로운

free  free free free free free

cheap
[tʃi:p] 치-프
값이 싼, 저렴한

cheap 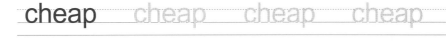 cheap cheap cheap

expensive
[ikspénsiv]
익스펜시브
비싼, 고가의

expensive expensive expensive

buy
[bai] 바이
~을 사다, 구입하다

buy  buy buy buy buy buy

sell
[sel] 셀
~을 팔다

sell sell sell sell sell sell sell

Bìrthday   생일

◈ 그림을 보며 단어를 익힌 후, 빈칸에 단어를 따라 써 보세요. 01

invite
[inváit] 인바이트
초대하다

invite　invite　invite　invite　invite

cake
[keik] 케익
케이크

cake　cake　cake　cake　cake

candle
[kǽndl] 캔들
초, 양초

candle　candle　candle　candle

gift
[gift] 기프트
선물

gift　gift　gift　gift　gift　gift　gift

age
[eidʒ] 에이쥐
나이

age　age　age　age　age　age

celebrate
[séləbrèit]
셀러브레이트
축하하다

celebrate · celebrate · celebrate

visit
[vízit] 비짙
방문하다

visit · visit · visit · visit · visit

bring
[briŋ] 브링
~을 가져오다

bring · bring · bring · bring

surprise
[səpráiz]
서프라이즈
놀라다, 놀람

surprise · surprise · surprise

laugh
[læf] 래프
웃다

laugh · laugh · laugh · laugh

5~6 학년

191

Shape 모양

◈ 그림을 보며 단어를 익힌 후, 빈칸에 단어를 따라 써 보세요. 01

big
[big] 빅
큰, 커다란

big big big big big big big

small
[smɔ:l] 스모-ㄹ
작은

small small small small small

long
[lɔ:ŋ] 로-ㅇ
긴

long long long long long long

short
[ʃɔ:rt] 쇼-트
짧은, 키가 작은

short short short short short

wide
[waid] 와이드
넓은, 폭이 넓은

wide wide wide wide wide

narrow narrow narrow narrow

narrow
[nǽrou] 네로우
좁은, 폭이 좁은

same same same same same

same
[seim] 세임
같은, 똑같은

oval oval oval oval oval oval

oval
[óuvəl] 오벌
타원형의, 타원형

rectangular rectangular rectangular

rectangular
[rektǽŋgjələ:r]
렉텡귤러
직사각형

cylinder cylinder cylinder cylinder

cylinder
[sílindər] 실린더
원통, 원기둥

Idea 생각

◈ 그림을 보며 단어를 익힌 후, 빈칸에 단어를 따라 써 보세요. 01

correct
[kərékt] 커렉트
올바른, 옳은

correct   correct   correct   correct

wrong
[rɔ́ːŋ] 롱-
틀린, 잘못된

wrong   wrong   wrong   wrong

think
[θiŋk] 씽크
~을 생각하다

think   think   think   think

guess
[ges] 게스
추측하다

guess   guess   guess   guess

forget
[fərgét] 퍼겟
~을 잊다

forget   forget   forget   forget

remember
[rimémbər] 리멤버
~을 기억하다

remember remember remember

plan
[plæn] 플랜
계획, 계획하다

plan plan plan plan plan plan

hope
[houp] 호웁
희망, 기대

hope hope hope hope hope

dream
[driːm] 드림-
꿈, 희망, 꿈꾸다

dream dream dream dream

know
[nou] 노우
~을 알다

know know know know know

Health 건강

◈ 그림을 보며 단어를 익힌 후, 빈칸에 단어를 따라 써 보세요. 01

sick
[sik] 식
병이 난, 아픈

sick sick sick sick sick sick

hurt
[həːrt] 허-트
아프다, 다치다

hurt hurt hurt hurt hurt hurt

fever
[fíːvər] 피-버
열

fever fever fever fever fever

cough
[kɔ(ː)f] 코-프
기침

cough cough cough cough

chest
[tʃest] 체스트
가슴

chest chest chest chest chest

stomach
[stʌ́mək] 스터먹
위

stomach　　stomach　　stomach

heart
[hɑːrt] 하-트
심장

heart　heart　heart　heart　heart

medicine
[médəs-ən] 메더선
약

medicine　　medicine

life
[laif] 라이프
삶, 생명

life　life　life　life　life　life　life

die
[dai] 다이
죽다

die　die　die　die　die　die

day 67

5-6 학년

Mountain 산

◈ 그림을 보며 단어를 익힌 후, 빈칸에 단어를 따라 써 보세요. 01

wood
[wud] 우드
나무, 목재

wood wood wood wood wood

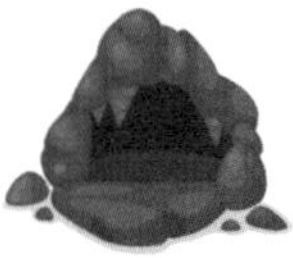

rock
[rak] 락
돌, 바위

rock rock rock rock rock rock

hill
[hil] 힐
언덕

hill hill hill hill hill hill hill

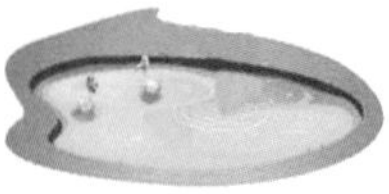

pond
[pand] 판드
연못

pond pond pond pond pond

waterfall
[wɔˈtərfɔˌl] 워-터폴-
폭포

waterfall waterfall waterfall

sign
[sain] 사인
표지판

sign  sign sign sign sign sign

peak
[pi:k] 피-크
봉우리, 정상

peak  peak peak peak peak

echo
[ékou] 에코우
메아리

echo echo echo echo echo

forest
[fɔ́:rist] 포-리스트
숲

forest forest forest forest forest

climb
[klaim] 클라임
오르다, 등반하다

climb climb climb climb climb

Camping

캠핑, 야영

◆ 그림을 보며 단어를 익힌 후, 빈칸에 단어를 따라 써 보세요. 🎧 01

group
[gruːp] 그룹-
집단, 무리

group ~group~ ~group~ ~group~ ~group~

map
[mæp] 맵
지도

map ~map~ ~map~ ~map~ ~map~ ~map~

tent
[tent] 텐트
텐트

tent ~tent~ ~tent~ ~tent~ ~tent~ ~tent~

flashlight
[flǽʃlàit]
플래시라이트
손전등

flashlight ~flashlight~ ~flashlight~

pot
[pɑt] 팟
냄비

pot ~pot~ ~pot~ ~pot~ ~pot~ ~pot~ ~pot~

site
[sait] 사이트
장소

site　site　site　site　site　site　site

---

grass
[græs] 그래스
잔디

grass　grass　grass　grass　grass

---

enjoy
[indʒɔ́i] 인조이
~을 즐기다

enjoy　enjoy　enjoy　enjoy　enjoy

---

leave
[liːv] 리-브
떠나다

leave　leave　leave　leave　leave

---

arrive
[əráiv] 어라이브
도착하다

arrive　arrive　arrive　arrive　arrive

5~6 학년

Condition   상태

◈ 그림을 보며 단어를 익힌 후, 빈칸에 단어를 따라 써 보세요. 01

quick quick quick quick quick

quick
[kwik] 퀵
빠른

slow slow slow slow slow slow

slow
[slou] 슬로우
느린

high high high high high high

high
[hai] 하이
높은

low low low low low low low

low
[lou] 로우
낮은

quiet quiet quiet quiet quiet

quiet
[kwáiət] 콰이엇
조용한

noisy
[nɔ́izi] 노이지
시끄러운

noisy　noisy　noisy　noisy　noisy

easy
[íːzi] 이-지
쉬운

easy　easy　easy　easy　easy

difficult
[dífikʌ̀lt] 디피컬트
어려운

difficult　difficult　difficult　difficult

dry
[drai] 드라이
마른, 건조한

dry　dry　dry　dry　dry

wet
[wet] 웻
젖은

wet　wet　wet　wet　wet

Daily schedule 일과

◈ 그림을 보며 단어를 익힌 후, 빈칸에 단어를 따라 써 보세요. 🎧 01

wake
[weik] 웨이크
일어나다

wake   wake   wake   wake   wake

exercise
[éksərsàiz]
엑서사이즈
운동, 연습하다

exercise   exercise   exercise

wash
[wɑːʃ] 와-쉬
~을 씻다

wash   wash   wash   wash   wash

hurry
[həˊːri] 허-리
서두르다

hurry   hurry   hurry   hurry   hurry

say
[sei] 세이
말하다

say   say   say   say   say   say

do
[du:] 두-
하다

do   do   do   do   do   do   do

drive
[draiv] 드라이브
운전하다

drive   drive   drive   drive   drive

get
[get] 겟
얻다

get   get   get   get   get

use
[ju:s] 유-스
~을 사용하다

use   use   use   use   use

sleep
[sli:p] 슬리-ㅍ
자다

sleep   sleep   sleep   sleep

Airplane 비행기

◈ 그림을 보며 단어를 익힌 후, 빈칸에 단어를 따라 써 보세요. 01

pilot

pilot
[páilət] 파일럳
조종사

pilot   pilot   pilot   pilot   pilot

passenger

passenger
[pǽsəndʒər] 패선저
승객

passenger   passenger

crew

crew
[kru:] 크루-
승무원

crew   crew   crew   c rew

seat

seat
[si:t] 씨-트
좌석

seat   seat   seat   seat   seat

passport

passport
[pǽspò:rt]
패스포-트
여권

passport   passport

ticket
[tíkit] 티킽
표, 입장권

ticket ticket ticket ticket ticket

suitcase
[súːtkèis]
수-트케이스
여행가방

suitcase suitcase suitcase

wing
[wiŋ] 윙
날개

wing wing wing wing wing wing

runway
[rʌ́nwèi] 런웨이
활주로

runway runway runway runway

fly
[flai] 플라이
비행하다,
날다

fly fly fly fly fly fly fly fly

Travel 여행

◆ 그림을 보며 단어를 익힌 후, 빈칸에 단어를 따라 써 보세요. 🎧 01

station
[stéiʃən] 스테이션
역, 정거장

station station   station   station

snack
[snæk] 스낵
간식, 스낵

snack snack   snack   snack   snack

game
[geim] 게임
게임, 경기

game game   game   game   game

street
[striːt] 스트리-트
거리

street street   street   street   street

bridge
[bridʒ] 브릿쥐
다리

bridge bridge   bridge   bridge

city
[síti] 시티
도시

city city city city city city city

country
[kʌ́ntri] 컨트리
시골, 나라

country country country country

wait
[weit] 웨이트
기다리다

wait wait wait wait wait wait

begin
[bigín] 비긴
시작하다, 시작되다

begin begin begin begin begin

stay
[stei] 스테이
머무르다

stay stay stay stay stay stay

Beach

해변

◆ 그림을 보며 단어를 익힌 후, 빈칸에 단어를 따라 써 보세요. 🎧 01

hat

[hæt] 햇
모자

hat hat hat hat hat hat hat

sunglasses

[sʌ́nglæ̀siz] 선글래시즈
선글라스

sunglasses sunglasses sunglasses

sunscreen

[sʌ́nskrìːn] 선스크린-
자외선 차단제

sunscreen sunscreen sunscreen

bottle

[bátl] 바틀
병

bottle bottle bottle bottle bottle

sand

[sænd] 샌드
샌드

sand sand sand sand sand

ocean
[óuʃən] 오우션
바다

ocean

wave
[weiv] 웨이브
파도

wave

break
[breik] 브레이크
휴식시간, 쉼

break

lie
[lai] 라이
눕다, 거짓말하다

lie

swim
[swim] 스윔
수영하다

swim swim swim swim swim

Personality  성격

◈ 그림을 보며 단어를 익힌 후, 빈칸에 단어를 따라 써 보세요. 🎧 01

curious   curious   curious   curious

curious
[kjúəriəs] 큐리어스
궁금한, 호기심 많은

brave   brave   brave   brave   brave

brave
[breiv] 브레이브
용감한, 씩씩한

shy   shy   shy   shy   shy   shy   shy

shy
[ʃai] 샤이
수줍어하는

careful   careful   careful   careful

careful
[kɛ́ərfəl] 케어펄
주의 깊은,
조심성 있는

honest   honest   honest   honest

honest
[ánist] 아니스트
정직한

polite
[pəláit] 펄라이트
예의바른

polite   polite   polite   polite   polite

kind
[kaind] 카인드
친절한

kind   kind   kind   kind   kind

funny
[fʌ́ni] 퍼니
재미있는

funny   funny   funny   funny   funny

smart
[smɑːrt] 스마ー트
똑똑한, 영리한

smart   smart   smart   smart   smart

foolish
[fúːliʃ] 풀ー리쉬
어리석은

foolish   foolish   foolish   foolish

Sense 감각

◈ 그림을 보며 단어를 익힌 후, 빈칸에 단어를 따라 써 보세요. 01

see
[si:] 씨-
~을 보다

see see see see see see

hear
[hiər] 히어
~을 듣다

hear hear hear hear hear

smell
[smel] 스멜
냄새,
~한 냄새가 나다

smell smell smell smell smell

taste
[teist] 테이스트
맛, ~한 맛이 나다

taste taste taste taste taste

feel
[fi:l] 필-
느끼다

feel feel feel feel feel feel

touch
[tʌʧ] 터취
촉각, ～을 만지다

touch　touch　touch　touch　touch

hot
[hɑt] 핱
뜨거운, 더운

hot　hot　hot　hot　hot　hot　hot

cold
[kould] 코울드
차가운, 추운

cold　cold　cold　cold　cold　cold

warm
[wɔːrm] 워–엄
따뜻한

warm　warm　warm　warm　warm

cool
[kuːl] 쿨–
시원한

cool　cool　cool　cool　cool　cool

Playground 운동장

◆ 그림을 보며 단어를 익힌 후, 빈칸에 단어를 따라 써 보세요. 🎧 01

slide
[slaid] 슬라이드
미끄럼틀

slide · slide · slide · slide · slide

swing
[swiŋ] 스윙
그네

swing · swing · swing · swing · swing

hide
[haid] 하이드
숨다, ~을 숨기다

hide · hide · hide · hide · hide · hide

find
[faind] 파인드
~을 찾다

find · find · find · find · find · find

jump
[dʒʌp] 점프
뛰다, 뛰어오르다

jump · jump · jump · jump · jump

shout
[ʃaut] 샤우트
외치다, 소리치다

shout shout shout shout shout

throw
[θrou] 쓰로우
~을 던지다

throw throw throw throw throw

catch
[kætʃ] 캐취
~을 잡다

catch catch catch catch catch

hit
[hit] 힡
~을 치다, 때리다

hit hit hit hit hit hit hit hit

kick
[kik] 킥
~을 발로 차다

kick kick kick kick kick kick

Park II   공원

◈ 그림을 보며 단어를 익힌 후, 빈칸에 단어를 따라 써 보세요. 🎧 01

picnic   picnic   picnic   picnic   picnic

picnic
[píknik] 피크닉
소풍

bench   bench   bench   bench

bench
[bentʃ] 벤취
벤치, 긴의자

fountain   fountain   fountain   fountain

fountain
[fáuntin] 파운틴
분수, 분수대

trash can   trash can   trash can

trash can
[træʃ kæn] 트래쉬캔
쓰레기통

balloon   balloon   balloon   balloon

balloon
[bərúːn] 버룬-
풍선

field
[fi:ld] 필-드
들판

field   field   field   field   field   field

kid
[kid] 키드
아이

kid   kid   kid   kid   kid   kid

run
[rʌn] 런
달리다, 뛰다

run   run   run   run   run   run

smile
[smail] 스마일
미소를 짓다

smile   smile   smile   smile

relax
[rilǽks] 릴랙스
쉬다, 긴장을 풀다

relax   relax   relax   relax

5~6 학년

Exercise 운동

◆ 그림을 보며 단어를 익힌 후, 빈칸에 단어를 따라 써 보세요. 🎧 01

gym
[dʒim] 짐
체육관

gym　gym　gym　gym　gym　gym

sportswear
[spɔ́ːrtswɛ̀ər]
스포-츠웨어
운동복

sportswear　sportswear　sportswear

mat
[mæt] 매트
매트

mat　mat　mat　mat　mat　mat

warm-up
[wɔ́ːrmʌp] 워-ㅁ업
준비운동

warm-up　warm-up　warm-up

roll
[roul] 로울
구르다

roll　roll　roll　roll　roll　roll　roll

jump rope
[dʒʌmp roup]
점프 로우프
줄넘기, 줄넘기하다

jump rope   jump rope   jump rope

ready
[rédi] 레디
준비가 된

ready   ready   ready   ready

turn
[təːrn] 터-언
돌다

turn   turn   turn   turn   turn

push
[puʃ] 푸쉬
~을 밀다, 찌르다

push   push   push   push

pull
[pul] 풀
~을 잡아당기다,
끌어당기다

pull   pull   pull   pull   pull

Time II 시간

◈ 그림을 보며 단어를 익힌 후, 빈칸에 단어를 따라 써 보세요. 01

early

early   early   early   early   early

early
[ə́ːrli] 어–리
일찍

late

late   late   late   late   late

late
[leit] 레이트
늦게

noon

noon   noon   noon   noon

noon
[nuːn] 눈–
정오, 낮2시

tonight

tonight   tonight   tonight

tonight
[tənáit] 터나잍
오늘밤

today

today   today   today   today

today
[tədéi] 터데이
오늘

tomorrow   tomorrow   tomorrow

tomorrow
[təmɔ́ːrou] 터모-로우
내일

yesterday   yesterday   yesterday

yesterday
[jéstərdèi] 예스터데이
어제

past   past   past   past   past   past

past
[pæst] 패스트
과거

present   present   present   present

present
[préznt] 프레즌트
현재, 선물

future   future   future   future   future

future
[fjúːtʃər] 퓨-쳐
미래

5~6 학년

Dìrection   방향

◈ 그림을 보며 단어를 익힌 후, 빈칸에 단어를 따라 써 보세요. 🎧 01

left

left   left   left   left   left   left

left
[left] 레프트
왼쪽

right

right   right   right   right   right

right
[rait] 라이트
오른쪽

straight

straight   straight   straight

straight
[streit] 스트레이트
똑바로

away

away   away   away   away

away
[əwéi] 어웨이
떨어져, 멀리

up

up   up   up   up   up   up

up
[ʌp] 업
위로

down
[daun] 다운
아래로

down   down   down   down   down

east
[iːst] 이-스트
동쪽

east   east   east   east   east

west
[west] 웨스트
서쪽

west   west   west   west

south
[sauθ] 싸우쓰
남쪽

south   south   south   south

north
[nɔːrθ] 노-쓰
북쪽

north   north   north   north

Ordinal 서수

◈ 그림을 보며 단어를 익힌 후, 빈칸에 단어를 따라 써 보세요. 🎧 01

first
[fə:rst] 퍼-스트
첫번째의

first first first first first first

---

second
[sék-ənd] 세컨드
두번째의

second second second second

---

third
[θə:rd] 서-드
세번째의

third third third third third third

---

fourth
[fɔ:rθ] 포-쓰
네번째의

fourth fourth fourth fourth fourth

---

fifth
[fifθ] 피프쓰
다섯번째의

fifth fifth fifth fifth fifth fifth

sixth
[siksə] 식스스
여섯번째의

sixth

seventh
[sév-ənə] 세번스
일곱번째의

seventh   seventh   seventh   seventh

eighth
[eitə] 에잇스
여덟번째의

eighth   eighth   eighth   eighth

ninth
[nainə] 나인스
아홉번째의

ninth

tenth
[tenə] 텐스
열번째의

tenth   tenth   tenth   tenth   tenth

Pet II 반려동물

◈ 그림을 보며 단어를 익힌 후, 빈칸에 단어를 따라 써 보세요. 🎧 01

fur
[fəːr] 퍼-
털

fur   fur   fur   fur   fur   fur

tail
[teil] 테일
꼬리

tail   tail   tail   tail   tail   tail

beak
[biːk] 비-ㅋ
부리

beak   beak   beak   beak

fin
[fin] 핀
지느러미

fin   fin   fin   fin   fin   fin

home
[houm] 호움
집, 가정

home   home   home   home

special
[spéʃəl] 스페셜
특별한

special　special　special　special

cute
[kjuːt] 큐ㅡ트
귀여운

cute　cute　cute　cute　cute

want
[wɔːnt] 워ㅡㄴ트
~을 원하다

want　want　want　want

keep
[kiːp] 키ㅡ프
(동물을)기르다,
키우다

keep　keep　keep　keep

feed
[fiːd] 피ㅡ드
~에게 먹이를 주다

feed　feed　feed　feed　feed

Conversation 대화

◆ 그림을 보며 단어를 익힌 후, 빈칸에 단어를 따라 써 보세요. 🎧 01

communicate   communicate

communicate
[kəmjúːnəkèit]
커뮤-너케이트
대화를 하다

problem   problem   problem

problem
[prábləm] 프라블럼
문제

give give give give give give

give
[giv] 기브
~을 주다

both both both both both both

both
[bouθ] 보우쓰
둘 다, 쌍방

take take take take take take

take
[teik] 테이크
받다, 잡다

agree

agree   agree   agree   agree   agree

agree
[əgríː] 어그리–
동의하다,
일치하다

phone

phone   phone   phone

phone
[foun] 포운
전화, 전화를 하다

fight

fight   fight   fight   fight   fight

fight
[fait] 파이트
싸우다

talk

talk   talk   talk   talk   talk

talk
[tɔːk] 토–크
이야기하다

5~6 학년

chat

chat   chat   chat   chat   chat

chat
[tʃæt] 챝
수다

Mail 우편

◆ 그림을 보며 단어를 익힌 후, 빈칸에 단어를 따라 써 보세요. 🎧 01

name
[neim] 네임
이름

name name name name name

address
[ədrés] 어드레스
주소

address address address address

stamp
[stæmp] 스탬프
우표

stamp stamp stamp

mail
[meil] 메일
우편, 우편물

mail mail mail mail mail

letter
[létər] 레터
편지

letter letter letter letter

parcel
[pɑ́ːrsəl] 파—설
소포

parcel　parcel　parcel

pack
[pæk] 팩
포장하다, 싸다

pack　pack　pack　pack

send
[send] 센드
~을 보내다

send　send　send　send

deliver
[dilívər] 딜리버
배달하다

deliver　deliver　deliver

receive
[risíːv] 리시—브
~을 받다

receive　receive　receive

Lesson 수업

◇ 그림을 보며 단어를 익힌 후, 빈칸에 단어를 따라 써 보세요. 🎧 01

idea

idea   idea   idea   idea   idea

idea
[aidí:ə] 아이디-어
생각, 의견

word

word   word   word   word

word
[wə:rd] 워-드
낱말, 단어

sentence

sentence   sentence

sentence
[séntəns] 센턴스
문장

story

story   story   story   story

story
[stɔ́:ri] 스토-리
이야기

ask

ask   ask   ask   ask   ask

ask
[æsk] 애스크
묻다, 질문하다

answer
[ǽnsər] 앤서
대답, 대답하다

answer · answer · answer · answer

spell
[spel] 스펠
철자를 쓰다

spell · spell · spell · spell · spell

repeat
[ripíːt] 리피-트
반복하다

repeat · repeat · repeat · repeat

practice
[prǽktis] 프랙티스
연습, ~을 연습하다

practice · practice · practice · practice

understand
[ʌndərstǽnd]
언더스탠드
~을 이해하다

understand · understand · understand

5~6 학년

235

Bank 은행

◈ 그림을 보며 단어를 익힌 후, 빈칸에 단어를 따라 써 보세요. 🎧 01

account

account
[əkáunt] 어카운트
계좌

account   account   account

---

money

money
[mʌ́ni] 머니
돈

money   money   money

---

gold

gold
[gould] 고울드
금, 금의

gold   gold   gold   gold   gold

---

silver

silver
[sílvər] 실버
은, 은의

silver   silver   silver   silver

---

rich

rich
[ritʃ] 리취
부자의, 부유한

rich   rich   rich   rich   rich

poor
[puər] 푸어
가난한

poor   poor   poor   poor   poor

count
[kaunt] 카운트
세다

count   count   count   count   count

exchange
[ikstʃéindʒ]
익스체인지
교환하다

exchange   exchange   exchange

borrow
[bɔ́(:)rou] 버-로우
~을 빌리다,
차용하다

borrow   borrow   borrow   borrow

save
[seiv] 세이브
~을 저축하다,
구하다

save   save   save   save   save

Event 행사

◈ 그림을 보며 단어를 익힌 후, 빈칸에 단어를 따라 써 보세요. 01

card
[kɑːrd] 카ー드
카드

card card card card card card

party
[pάːrti] 파ー티
파티

party party party party party

birthday
[bə́ːrəðèi]
버ー쓰데이
생일, 탄생일

birthday birthday birthday birthday

anniversary
[æ̀nəvə́ːrsəri]
애너버ー서리
기념일

anniversary anniversary anniversary

concert
[kάnsəːrt] 칸서ー트
콘서트

concert concert concert concert

festival
[féstəvəl] 페스터벌
축제

festival   festival   festival   festival

show
[ʃou] 쇼우
보여주다, 쇼

show   show   show   show

welcome
[wélkəm] 웰컴
환영하다

welcome   welcome   welcome

marry
[mǽri] 매리
~와 결혼하다

marry   marry   marry   marry

please
[pli:z] 플리-즈
기쁘게 하다

please   please   please   please

5~6 학년

Quantity 수량

◈ 그림을 보며 단어를 익힌 후, 빈칸에 단어를 따라 써 보세요. 🎧 01

all
[ɔːl] 올-
모두, 전부

all all all all all all all all

most
[moust] 모우스트
대부분의, 대부분

most most most most most

much
[mʌtʃ] 머취
(양)이 많은

much much much much much

many
[méni] 메니
(수)가 많은

many many many many many

few
[fjuː] 퓨-
(수)가 거의 없는

few few few few few few

little
[lítl] 리틀
(양)이 거의 없는,
작은

little little little little little little

half
[hæf] 해프
반, 2분의 1

half half half half half

enough
[inʌ́f] 이너프
충분한

enough enough enough

empty
[émpti] 엠프티
빈, 비어 있는

empty empty empty

fill
[fil] 필
~을 채우다

fill fill fill fill fill fill fill

◆ 그림을 보며 단어를 익힌 후, 빈칸에 단어를 따라 써 보세요. 🎧 01

who

who?

who
[hu:] 후-
누구

who　who　who　who　who

when

when?

when
[hwen] ㅎ웬
언제

when　when　when　when

where

where?

where
[hwɛər] ㅎ웨어
어디

where　where　where

how

how?

how
[hau] 하우
얼마나, 어떻게

how　how　how　how　how

what

what?

what
[hwat] ㅎ왈
무엇

what　what　what　what

why why why why why why

why
[hwai] ㅎ와이
왜

always always always always

always
[ɔ́ːlweiz] 올-웨이즈
늘, 언제나, 항상

usually usually usually usually

usually
[júːʒuəli] 유-주얼리
대채, 일반적으로

often often often often often

often
[ɔ́ːftn] 오-픈
자주, 종종

sometimes sometimes sometimes

sometimes
[sʌ́mtàimz] 썸타임즈
때때로

Act III 행동 3

◈ 그림을 보며 단어를 익힌 후, 빈칸에 단어를 따라 써 보세요. 01

build

build   build   build   build

build
[bild] 빌드
짓다, 건축하다

cover

cover   cover   cover   cover

cover
[kʌ́vər] 커버
~을 가리다,
덮다

cross

cross   cross   cross   cross

cross
[krɔːs] 크로-스
~을 건너다

excuse

excuse   excuse   excuse

excuse
[ikskjúːz]
익스큐-즈
용서하다

join

join   join   join   join   join   join

join
[dʒɔin] 조인
참여하다, 가입하다

cry

cry　cry　cry　cry　cry　cry　cry

cry
[krai] 크라이
울다, 외치다

spend

spend　spend　spend

spend
[spend] 스펜드
~을 쓰다, 소비하다

chase

chase　chase　chase

chase
[tʃeis] 체이스
뒤쫓다

win

win　win　win　win　win

win
[win] 윈
이기다, 승리하다

lose

lose　lose　lose　lose　lose

lose
[luːz] 루-즈
지다, 잃다

한글을 영어로
한글을 알파벳으로 표기하기

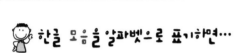 한글 모음을 알파벳으로 표기하면…

ㅏ	ㅑ	ㅐ	ㅒ	ㅓ	ㅕ	ㅔ	ㅖ
a	ya	ae	yae	eo	yeo	e	ye
ㅗ	ㅘ	ㅚ	ㅙ	ㅛ	ㅜ	ㅟ	ㅝ
o	wa	oe	wae	yo	u	wi	wo
ㅞ	ㅠ	ㅡ	ㅣ	ㅢ			
we	yu	eu	i	ui			

한글 자음을 알파벳으로 표기하면…

ㄱ	ㄲ	ㅋ	ㄷ	ㄸ	ㅌ	ㅂ	ㅃ
g/k	kk	k	d/t	tt	t	b/p	pp
ㅍ	ㅈ	ㅉ	ㅊ	ㅅ	ㅆ	ㅎ	ㅁ
p	j	jj	ch	s	ss	h	m
ㄴ	ㅇ	ㄹ					
n	ng	r/l					

가	갸	거	겨	고	교	구	규	그	기
ga	gya	geo	gyeo	go	gyo	gu	gyu	geu	gi
나	냐	너	녀	노	뇨	누	뉴	느	니
na	nya	neo	nyeo	no	nyo	nu	nyu	neu	ni
다	댜	더	뎌	도	됴	두	듀	드	디
da	dya	deo	dyeo	do	dyo	du	dyu	deu	di
라	랴	러	려	로	료	루	류	르	리
la	lya	leo	lyeo	lo	lyo	lu	lyu	leu	li
마	먀	머	며	모	묘	무	뮤	므	미
ma	mya	meo	myeo	mo	myo	mu	myu	meu	mi
바	뱌	버	벼	보	뵤	부	뷰	브	비
ba	bya	beo	byeo	bo	byo	bu	byu	beu	bi
사	샤	서	셔	소	쇼	수	슈	스	시
sa	sya	seo	syeo	so	syo	su	syu	seu	si
아	야	어	여	오	요	우	유	으	이
a	ya	eo	yeo	o	yo	u	yu	eu	i
자	쟈	저	져	조	죠	주	쥬	즈	지
ja	jya	jeo	jyeo	jo	jyo	ju	jyu	jeu	ji
차	챠	처	쳐	초	쵸	추	츄	츠	치
cha	chya	cheo	chyeo	cho	chyo	chu	chyu	cheu	chi
카	캬	커	켜	코	쿄	쿠	큐	크	키
ka	kya	keo	kyeo	ko	kyo	ku	kyu	keu	ki
타	탸	터	텨	토	툐	투	튜	트	티
ta	tya	teo	tyeo	to	tyo	tu	tyu	teu	ti
파	퍄	퍼	펴	포	표	푸	퓨	프	피
pa	pya	peo	pyeo	po	pyo	pu	pyu	peu	pi
하	햐	허	혀	호	효	후	휴	흐	히
ha	hya	heo	hyeo	ho	hyo	hu	hyu	heu	hi

찾아보기

Y

Z